AMER AFRICAIN

DE

MÉDAILLES à toutes les EXPOSITIONS

G. PICON

MÉDAILLES à toutes les EXPOSITIONS

DISTILLATEUR-LIQUORISTE

A PHILIPPEVILLE, CONSTANTINE et BONE

(Algérie.)

DÉPOT A LYON

Rue Constantine, 12. *Entrepôt : rue de Condé*, 34

Tenus par M. Eugène ROY

Entrepôt général pour la France et l'exportation

A Marseille.

L'immense succès obtenu, depuis longtemps, en Algérie, par l'**Amer africain**, s'affirme avec rapidité en France et à l'étranger. Ses qualités apéritives, toniques et fébrifuges, le font préférer à tous les bitters connus. Après avoir été médaillé à toutes les Expositions, l'**Amer africain Picon** vient encore de recevoir, aux Expositions de Lyon et Paris (1872), les plus hautes récompenses dues à ses qualités hygiéniques.

L'**Amer africain** se trouve dans tous les Etablissements de premier ordre.

INDICATEUR

DES

SOIES & SOIERIES

EN GÉNÉRAL

PAR MAT. BRANO

Contenant les adresses spéciales à l'industrie des soies en France et à l'étranger. — Le traité de commerce entre la France et l'Angleterre. — La production soyeuse de chaque département et pays étrangers. — Les poids et monnaies à l'usage de la soie. — Renseignements postaux divers. — Usages commerciaux. — Etc., etc.

1873  1873

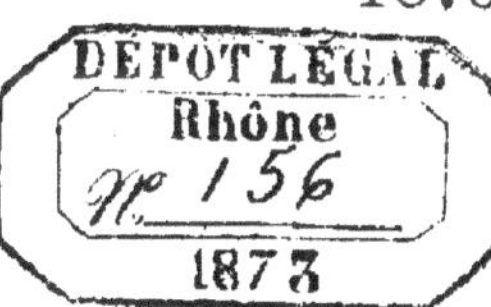

LYON
MONITEUR DES SOIES
14, rue de la Bourse.

DÉPOT
CHEZ LES LIBRAIRES
France et Etranger.

PRÉFACE

Pour qu'un *Indicateur* offre une utilité réelle, il faut qu'il soit aussi exact et aussi complet que possible; celui que nous présentons aujourd'hui au public aura-t-il ce mérite? Nous le croyons fermement.

En effet, si le succès doit répondre à la multiplicité et à la grandeur des efforts, notre petit volume rendra un véritable service à l'industrie des soies et soieries. Sans méconnaître la bonne volonté de nos devanciers, nous avons cependant été placé pour faire mieux et davantage.

Nous ne prétendons pas pour cela que notre indicateur sera sans reproches car ce serait promettre l'impossible, mais nous avons la conviction de n'avoir rien négligé pour approcher de ce résultat.

Nous avons eu de nombreux collaborateurs qui, tous ont mis le plus louable empressement à nous venir en aide ; nous les remercions ici publiquement, parce qu'ils ont ainsi servi l'intérêt général.

Du reste, nous nous proposons de publier chaque année une édition de ce livre ; nous faisons un pressant appel à tous les intéressés : quels que soient les renseignements ou communications, ils seront tous accueillis avec la plus grande reconnaissance.

Maintenant c'est au public à juger notre œuvre.

MAT. BRANO.

Lyon, février 1873.

FRANCE

Avant la Révolution de 1789, la France tordait :

			VALEUR.
1.000	quintaux	d'organsins fins	3.400.000
4.000	»	organsins et trames superfines	12.000.000
16.000	»	trames fines et ordinaires........	43.000.000
9.000	»	poils d'Alais, tramettes, etc......	20.000.000
30.000	»		78.400.000

Sur ces **1.500.000** kil. de soie, moins du tiers était produit par l'agriculture nationale ; le surplus venait de l'étranger à l'état grége.

Sous la Restauration et jusqu'à 1850 la production française parvint à atteindre bien près d'un million de kilogrammes.

Lorsque apparut la maladie du ver à soie cette production fut ramenée progressivement à celle d'avant 1789.

Voici, d'après M. Duseigneur, les fluctuations approximatives pendant la dernière période de 20 ans :

1853	20 millions de kil.	Prix moyen	4.90
1854	16 1/2 —	—	4.55
1855	12 —	—	4.80
1856	10 —	—	6.75
1857	9 1/2 —	—	8. »
1858	11 1/2 —	—	5.30
1859	11 —	—	7.15
1860	11 1/2 —	—	7.25
1861	8 1/2 —	—	6.25
1862	8 —	—	5.55
1863	8 —	—	4.85
1864	8 1/2 —	—	5.90
1865	5 1/2 —	—	8. »
1866	8 1/2 —	—	5.50
1867	9 —	—	6.25
1868	10 —	—	6. »
1869	10 1/2 —	—	5.85
1870	11 —	—	6. »
1871	11 —	—	4.75

(1) Tous les renseignements de statistique séricole que nous donnons, pour la France aussi bien que pour les autres pays, sont empruntés au magnifique ouvrage que vient de publier récemment M. E. Duseigneur, et intitulé : *Monographie du cocon*. Nous ne pouvions pas choisir de sources plus consciencieuses et plus sûres.

LYON

Soies et bourres de soie.

Importations.		Exportations.	
1861	184.140.000	1861	37.071.000
1862	225.958.000	1862	49.786.000
1863	291.905.000	1863	96.166.000
1864	285.844.000	1864	101.480.000
1865	355.194.000	1865	143 309.000
1866	307.324.000	1866	106.976.000
1867	348.723.000	1867	115.438.000
1868	435.347.000	1868	145.780.000
1869	458.293.000	1869	178.796.000
1870	43.609.000	1870	15.539.000
1871	415.564.000	1871	104.402.000

Tissus de soie et bourres de soie.

Importations (1).		Exportations (1).	
1861	4.212.000	1861	332.891.000
1862	4 624.000	1862	363.156.000
1863	4.729.000	1863	376.293.000
1864	7.290.000	1864	407.618.000
1865	11.343.000	1865	427.924 000
1866	14.057 000	1866	467 359.000
1867	21.201.000	1867	422.418.000
1868	23.494.000	1868	451.678.000
1869	26.224.000	1869	448.981.000
1870	1.624.000	1870	32.029.000
1871	47.643.000	1871	496.616.000

En 1680 la fabrique lyonnaise comptait de 9 à 12.000 métiers; en 1700 ce nombre était descendu de 5 à 3.000. En 1750, il était revenu à 12.000 et à la veille de la Révolution il atteignait 18.000. Depuis lors, l'industrie des soieries a suivi les alternatives de la fortune publique. Sous la Convention le nombre des métiers retomba à 3.000. Sous l'Empire il se releva à 12.000; depuis, il atteint 20.000 en 1816, 27.000 en 1827, 40.000 en 1838, 50.000. en 1848. En 1852, il dépasse 65.000 et on évalue entre 70 et 75,000 la plus haute quantité qui ait été atteinte.

(1) Etoffes et rubans réunis.

Chambre de commerce de Lyon

PALAIS DU COMMERCE.

La Chambre de commerce de Lyon a été fondée par arrêté du 30 août 1701. La Révolution de 1789, en détruisant toutes les parties de l'ancienne législation commerciale, emporta la suppression de la Chambre de commerce de Lyon ; elle disparu avec le décret du 16 octobre 1791, et fut rétablie en l'an XI de la République, par arrêté du 3 nivose. La Chambre de commerce de Lyon, composée à l'origine de neuf membres, en compta quinze dès cette époque, et ce nombre a été porté à dix-huit, par décret du 1er mars 1872. Elle se renouvelle par tiers tous les deux ans, et par voie d'élection ; ses membres sont indéfiniment rééligibles. Elle nomme son président dans son sein. Le préfet du département du Rhône est membre-né et président d'honneur.

Liste des membres.

Galline (Oscar), banquier, rue de Lyon, 13.
Pariset, fabricant de soieries, rue Royale, 29.
Vindry, teinturier, place de la Miséricorde, 4.
Perret (J.-B.), produits chimiques, quai Saint-Clair, 35.
Delarochette, directeur de hauts-fourneaux, cours du Midi, 11.
Vidal (Al.), négociant en toileries, rue de l'Hôtel-de-Ville, 38.
Sévène, fabricant de soieries, rue de Lyon, 1.
Lyonnet, épicier en gros, rue Bât-d'Argent, 31.
Gourd, fabricant de soieries, quai de Retz, 1.
Côte, fabricant de soieries, grande rue des Feuillants, 6.
Desgeorge (Alphonse), marchand de soies, rue Puits-Gaillot, 19.
Lilienthal, marchand de soies, rue du Garet, 3.
Roë, marchand de soies, maison Guérin, rue Puits-Gaillot, 31.
Chartron, marchand de soies, rue de l'Arbre-Sec, 11.
Fougasse, ancien commissionnaire, rue Sainte-Catherine, 11.
Duc (Marius), courtier, place de Lyon, 44.
Mulaton, fabricant de produits chimiques, rue Neuve, 12.
Roche (Alix), commerçant en vins et liquides, à Villefranche.

Bureau.

Président d'honneur, M. le Préfet du Rhône.
Président élu, M. Galline.
Vice-Président, M. Pariset.
Secrétaire-trésorier, M. Lyonnet.

Secrétariat.

Secrétaire-archiviste, M. Tisseur (Jean), rue de la Reine, 10.

Le secrétariat est ouvert tous les jours non fériés, de 11 heures du matin jusqu'à quatre heures après-midi.

Bibliothèque.

Bibliothécaire, M. Morand (Marius), avenue de Noailles, 48.

Le public est admis les mardi, mercredi et samedi de chaque semaine, de une heure à trois heures.

Concierge de la Chambre, M. Chapuis, rue Pizay, 5.

Tribunal de commerce de Lyon

Palais du Commerce.

Président

Brolemann (A.), quai de l'Est, 14.

Juges

Audibert (L.), q. des Brotteaux, 14.
Jaillard, rue de Lyon, 12.
Casati (Isaac), r. Bât-d'Argent, 11.
Favre, r. Sainte-Monique, 3.
Faure, rue Ste-Hélène, 33.
Mauvernay, place Tholozan, 21.
Bonnevay, quai St-Vincent, 30.
Girerd, rue Bât-d'Argent, 12.
Jandin, rue Puits-Gaillot, 31.
Paule, rue Lafond, 24.

Juges suppléants.

Clavel, r. Thomassin, 34.
Boucaud, cours Morand, 45.
Ferrand, r. de Lyon, 20.
Jacquand (Ant.), r. d'Oran, 2.
Joannon, r. Tronchet, 75.
Seguin, place Bellecour, 5.

Juge questeur.

Audibert.

Juges pour les enquêtes.

Jaillard, Casati, Favre.

Juges certificateurs.

Faure, Mauvernay, Bonnevay, Girerd, Jandin, Paule.

Juges pour parapher les livres.

Clavel, Boucaud, Ferrand, Jacquand, Joannon, Seguin.

Greffier.

Chantillin, quai St-Vincent, 47.

Commis greffiers assermentés.

Buchet, quai de l'Hôpital, 10.
Chipier, rue Moncey, 17.
Pinet, rue de Vendôme, 185.

Huissiers-audienciers.

Bret jeune, place St-Pierre, 2.
Borgat jeune, r. l'Hôtel-de-Ville, 37
Balmont, rue de Lyon, 28.

Secrétariat de la présidence.

Garrone, secrétaire, q. St-Vincent, 43
Mazoyer, sous-secrétaire, rue St-Joseph, 11.

Audiences.

Lundi, Mardi, Jeudi et Vendredi, à 5 heures du soir.
Mercredi, 1re et 2e chambre du Conseil, à midi.

Le greffe du Tribunal, situé au palais du Commerce, est ouvert tous les jours non fériés, de 8 heures du matin à 4 heures du soir, sans interruption.

Le secrétariat de la présidence, où se trouve la comptabilité des faillites, est situé au palais du Commerce; il est ouvert tous les jours non fériés, de 10 h. du matin à 3 heures du soir.

M. le Président reçoit à la présidence, de 1 h. à 3 h. du soir, les mardi, jeudi et vendredi de chaque semaine.

Brenot (C.), concierge du Tribunal, rue Champier, 5.

Conseil des Prud'hommes

Palais du Commerce.

Favrot, président, q. de l'Hôpital, 9
Gourd (A.), vice-président, quai de Retz, 15.

Section de la soierie.

FABRICANTS

Tapissier, place Tholozan, 26.
Bollud, à Villeurbanne.
Pin, quai St-Clair, 8.
Laboré, rue Puits-Gaillot, 33.
Faye, place Tholozan, 21.
Piotet, grande rue des Feuillants, 4.
Fornas, rue Lafont, 6.
Arlin, place Croix-Pâquet, 11.

CHEFS D'ATELIERS

Gadoux, rue d'Ivry, 32.
Duchon, boulevard National, 153.
Volay, rue Richan, 3.
St-Maurice, ch. de la Favorite, 16
Brosse, rue Saint-Bruno, 3.
Droz, rue d'Ivry, 15.
Dronier, rue Garibaldi, 63.
Lafontaine, rue de Chartres, 17.

Section de la dorure et passementeries.

Fichet, rue Terme, 20.
Louis, rue de Lyon, 8.
Multier, rue de Lyon, 7.
Palut, rue de Vauban, 85.
Ferra, avenue de Saxe, 100.
Truchet, rue Neyret, 13.

Section des tulles et bonneterie.

Berthaud, place Rouville, 6.
Berliet, rue de Lyon, 5.
Serve, rue de la Tour-du-Pin, 5.
Michallet, rue Jacquart, 42.

Section de la chapellerie.

Bergé, rue du Palais-Grillet, 32.
Félizat, rue Creuzet, 8.
Rodde, place Saint-Louis, 29.
Champin, r. Remparts-d'Ainay, 35.

Section de la teinturerie.

Renard, quai Pierre-Scize, 53.
Gillet, quai de Serin, 9.
Cuzas, rue Rivet, 9.
Loye, rue Mercière, 53.

Avocat du Conseil.

M. le Bâtonnier de l'Ordre.

Médecin du Conseil.

Passot, rue du Plat, 16.

Secrétariat du Conseil.

Poly, secrétaire, pl. Sathonay, 1.
Guiot, sec.-adjoint, r. Garibaldi, 63
Fonbonne, huissier, r. Ferrandière, 34
Ouvert tous les jours non fériés, de 10 h. du matin à 2 h. du soir.

Conservatoire des échantillons de tissus, vérification de plaques et cylindres pour la jacquard.

Dova, conservateur et vérificateur, rue d'Ivry, 31.
Ouvert les mardi, jeudi et samedi, de 10 h. à 1 heure.

Référé de M. le Président.

Lundi, mercredi et vendredi, de 10 h. à 11 h. du matin.

Audiences pour la soierie.

Lundi, mercredi et vendredi, à 6 h. du soir.

Arbitrages.

Lundi, mercredi et vendredi, à 10 h. du matin.

Audiences de la passementerie, la dorure, la chapellerie et la teinturerie.

Lundi et mercredi, à 10 h. du matin

Audiences des tulles et de la bonneterie.

Le lundi de chaque semaine, à 5 heures 1/2 du soir.

Caisse de prêts pour les chefs d'atelier tisseurs.

Grand-Clément, agent comptable, quai Saint-Antoine 20.
Depalme, teneur de livres, rue St-Denis, 16.
Ychalette, commis-visiteur, rue Imbert-Colomès, 18.
Condamin, commis pour les livrets, rue des Passants, 21.
Ouverte tous les jours non fériés, de 10 h. du matin à 2 h. du soir.

Garçon de bureau.

Vialla, rue de l'Annonciade, 17.

Condition publique des soies

Rue Saint-Polycarpe, 7.

Cet établissement, créé par un décret du 23 germinal an XIII, a pour destination de ramener toutes les soies qu'on y dépose à un degré uniforme d'humidité. Elles sont pesées à leur entrée en condition et au moment de leur sortie. Le poids auquel la dessication les a réduites fait foi entre le vendeur et l'acheteur.

Une Ordonnance royale du 23 avril 1841 a complètement changé le procédé de conditionnement prescrit par le décret de fondation; et celui qui est actuellement suivi a pour base la dessication absolue de la soie.

Les opérations de l'établissement de la Condition des soies de Lyon sont assujetties aux dispositions déterminées par le Gouvernement, sous l'administration de la Chambre de commerce de Lyon, laquelle délègue en outre, chaque mois, deux commissaires choisis, l'un parmi les marchands de soie, l'autre parmi les fabricants d'étoffes de soie, pour surveiller l'exploitation.

La gestion de l'établissement est confiée à un directeur comptable et responsable, nommé par le Ministre du commerce, sur la présentation de la Chambre de commerce, et qui exerce ses fonctions sous l'inspection d'une Commission administrative, composée du président et de cinq membres de ladite Chambre.

Commission administrative.

Galline, président.
Parlset, vice-président.
Roë, Lilienthal, Desgeorge, Gourd, Sévène.
Perret, directeur, à la Condition.
Bouillard, contrôleur, rue Pizay, 4.

La Condition est ouverte au public de 9 h. du matin à 5 h. du soir.

Relevés du Mouvement de la Condition des soies depuis
1806 jusqu'à 1872 inclusivement.

Années.	Numéros.	Kilogrammes.
1806	8.568	424.676
1807	7.762	362.557
1808	8.400	395.120
1809	8.182	401,632
1810	8.041	417.015
1811	6.774	352.165
1812	7.740	407.843
1813	7.876	434.460
1814	7.630	417.150
1815	7,395	386,202
1816	7.491	371.204
1817	7.237	367,079
1818	7.837	366.728
1819	8.302	364.198
1820	11.223	534.587
1821	10,983	527.621
1822	9.245	430.989
1823	10.106	467.382
1824	13,299	634.702
1825	11.286	366,020
1826	9.540	462.776
1827	13.072	634.680
1828	11.442	546.374
1829	11.582	587.137
1830	10.955	571.971
1831	10,576	586.277
1832	11.583	600.900
1833	12.295	718.703
1834	9.268	561.829
1835	11,966	743.125
1836	10.720	652.823
1837	10,374	642.114
1838	11.735	756.214
1839	11.503	728.925
1840	12.083	791.424
1841	13.129	895 217
1842	14.513	1.051.714
1843	18.181	1.422.508
1844	18.269	1.361.889
1845	19.285	1.446.982
1846	21.647	1.596.518
1847	23.326	1.697.987
1848	17.581	1.408.398
1849	25.249	2.097.846
1850	25.500	2.066.662
1851	24.024	1.897.786
1852	28.855	2.289.831
1853	35.060	2.839.499
1854	31.345	2.475.387
1855	39.251	3.044.312
1856	38.601	2.909.526
1857	31.492	2.179.527
1858	40.998	3.081.757
1859	36.351	2.613.360
1860	36.732	2.587.866
1861	32.929	2.290.812
1862	41.786	3.049.074
1863	38.967	2.823.275
1864	39.532	2.980.155
1865	31.784	2.307.626
1866	30.467	2.212.255
1867	42.798	2.795.134
1868	49.871	3.232.807
1869	51.326	3.324.862
1870	36.867	2.364.221
1871	43.966	3.096.182
1872	46.289	3 225.479

Proportion dans laquelle les soies étrangères ont figuré dans le chiffre de conditionnement depuis 1849 *jusqu'à* 1872.

Années.	Nombre de balles ou parties de soie.	Rapport en centièmes avec le total de l'année.	Années.	Nombre de balles ou parties de soie.	Rapport en centièmes avec le total de l'année.
—	—	—	—	—	—
1849	5.813	25.49 %	1861	20.459	66.23 %
1850	5.910	25.64 »	1862	36.518	73.04 »
1851	5.876	24.45 »	1863	33.358	72.32 »
1852	8.181	31.30 »	1864	34.308	72.52 »
1853	8.724	26.66 »	1865	34.332	80.44 »
1854	7.424	25.83 »	1866	25.638	72.10 »
1855	7.464	20.72 »	1867	29.393	73.06 »
1856	11.313	29.30 »	1868	36.216	78.87 »
1857	11.499	40.86 »	1869	37.062	79.46 »
1858	16.137	41.96 »	1870	25.241	74.89 »
1859	14.451	42.68 »	1871	27.017	98.18 »
1860	18.476	53 92 »			

Pour 1872 cette proportion a été comme suit :

Organsins 44.89 % — Trames 75.26 % — Grèges 74.92 %

Commission de la Cote des soies

Palais du Commerce. — Année 1873.

Président, Côte, fabricant, grande rue des Feuillants, 6.
Courtier inscrit, Raynaud, rue Lafont, 6.
— Giraud, rue du Garet, 3.
— Besson, rue Puits-Gaillot, 27.
Courtier non inscrit, Tardy, rue Puits-Gaillot, 31.
— Montet, rue du Griffon, 14.
— Joannon, rue du Griffon, 14.
— Eymard (Valéry), rue Puits-Gaillot, 21.
Marchand de soie, Chartron, rue de l'Arbre-Sec, 11.
— Peillon, rue du Théâtre, 1.
— Pirjantz, rue Puits-Gaillot, 29.
— Repelin, rue Pizay, 9
Fabricant, Giraud (Albert), place Tholozan, 19.
— Thevenet, place Tholozan, 21.
— Debry, place Tholozan, 26.

Bourres et déchets de soie

Arlès-Dufour, pl. Tholozan, 19.
Beaurepaire, q. St-Clair, 8.
Beauser, r. de la Poulaillerie, 2.
Boissière et Ce, r. Pizay, 3.
Boucharlat, r. Boileau, 54.
Bouniard et Volle, r. Désirée, 9.
Brante fils, pl. des Capucins, 2.
Carrier, r. Ste-Catherine, 13.
Chassignol, r. Désirée, 4.
Chaverot, q. de Retz, 15.
Clunet, r. St-Polycarpe, 10.
Comi, commissionnaire en soies et déchets, r. St-Polycarpe, 10.
Comte et Vignard, q. St-Clair, 13.
Debroas (Mlle), q. de Retz, 10.
Depey-Brunet, r. Ste-Catherine, 13.
Disdier, à la Demi-Lune, par Vaise.
Domergue, r. Pizay, 5.
Dubost, r. Désirée, 19.
Durieux, r. Désirée, 19.
Fillod père et fils, r. des Capucins, 3.
Forrer et Vergnier, r. Puits-Gaillot, 2
Françon, r. Vieille-Monnaie, 15.
Gamot et Delahaye, r. Vieille-Monnaie, 33.
Igonnet et Ce, q. St-Clair, 16.
Imbert et Solari, r. des Capucins, 24.
Laresse et Ce, r. St-Jean, 68.
Levet et Ce, r. St-Claude, 4.
Maillet, r. Pizay, 22.
Moro et Ce, r. Pizay, 22.
Mestrallet, r. Ste-Catherine, 19.
Moretton et Cie, r. Désirée, 5.
Olph-Gaillard et Cie, r. des Capucins, 3.
Paradis et Ce, r. Vieille-Monnaie, 33.
Pasquet, Knœri et Ce, r. Vieille-Monnaie, 33.
Raffard et Chassignol, fantaisie, rue Puits-Gaillot, 33.
Rambaud-Thoral et Sestier, frisons, q. de Retz, 7.
Riondel, r. Puits-Gaillot, 15.
Sabatier, r. des Capucins, 22, et rue Coustou, 5.
Scotti et Chavannes, q. de Retz, 10.
Soviche, Karcher, Petite-Rue des Feuillants, 2.
Tavernier, r. Ste-Catherine, 7.
Turin frères, r. des Capucins, 10.

Filateurs.

Franc père, fils et Martelin, rue Neuve, 7.
Warnery et Morlot, q. St-Clair, 14.
Chancel, Veillon, Mirville et Ce, q. de Retz.

Courtiers pour la soie.

Armand, boîte r. Puits-Gaillot, 23.
Barrel, bureau, r. Désirée, 4, et r. Puits-Gaillot, 7.
Barret, r. Puits-Gaillot, 7.
Bary, r. du Griffon, 7.
Besson, bureau et dépôt d'échantillons, 27, r. Puits-Gaillot, boîte même rue n° 25.
Belod, r. Puits-Gaillot, 17.
Bergier, r. Puits-Gaillot.
Bony, r. du Garet, 4.
Brachet, place de la Comédie, 27.
Brisson, r. Puits-Gaillot, 29.
Cadalvène (de) boîte r. Lafont, 10.
Cagear, r. des Capucins, 23.
Chabannes, r. Désirée, 9, boîte r. Puits-Gaillot, 25.
Chavanne, boîte p. de la Comédie, 25

Clarion, r. Désirée, 19.
Cornu, r. Pizay, 22.
Delacroix, r. Puits-Gaillot, 4.
Delcroix, r. Puits-Gaillot, 27.
Dunod, place Tholozan, 23.
Duc, r. Puits-Gaillot, 1.
Duclaux, r. de l'Arbre-Sec, 7.
Dussourd, r. Puits-Gaillot, 25.
Eymard (Valéry), r. Puits-Gaillot, 21
Eymard (Réné), r. Désirée, 21.
Frau, r. Désirée, 4.
Gassier, r. Romarin, 31.
Giraud, r. du Garet, 3.
Guerrier, boîte r. Puits-Gaillot, 27.
Harmand, r. Pizay, 22.
James, r. du Garet, 4.
Jarrosson, boîte r. Puits-Gaillot, 2.
Joannon, r. du Griffon, 14.
Mallet, r. Therme, 1.
Maurel, r. Puits-Gaillot, 4.
Mazeirat, boîte r. Puits-Gaillot, 25.
Montet, r. du Griffon, 14.
Monet, pl. de la Comédie, 25.
Office lyonnais du Courtage, MM. Roque, Montet et Joannon, r. du Griffon, 14.
Pétrequin, agence intermédiaire, r. Pizay, 12.
Raynaud, r. Lafont, 6.
Roque, r. du Griffon, 14.
Sève, r. Puits-Gaillot, 2.
Sorlin, r. du Théâtre, 1.
Stanchi, r. Désirée, 21.
Souzy, r. Puits-Gaillot, 3.
Veyrin, pl. de la Comédie, 25.

Commissionnaires et marchands de soies

Auvergne et Mollard, petite r. des Feuillants, 5.
Arlès-Dufour et Ce, p. Tholozan, 19
Armandy et Ce, q. de Retz, 3.
Bard et Voringer, r. Désirée, 6.
Barbezat, r. Désirée, 14.
Bourgarel de Riancourt,
Berjon fils et Ce, r. Pizay, 7.
Bernasconi (J.), r. Désirée, 4.
Bié père et fils, q. de Retz, 1.
Blanc Gindre, r. du Garet, 4.
Bertholon, r. Désirée, 4.
Boldetti, r. Désirée, 6.
Bouteiller, r. Désirée, 21.
Boule et Hann, r. Puits-Gaillot, 1.
Brunet et A. Viel, r. Pizay, 5.
Brémal, r. Pizay, 3.
Bouniard et Volle, r. Désirée, 11.
Bouillier et Peyret, r. Désirée, 14.
Beauser, r. de la Poulaillerie, 3.
Castelmur, r. du Griffon, 13.
Carle (J.), r. Lafont, 20.
Ceresole et Montu, r. l'Arbre-Sec, 3
Cesano et Zurcher, r. Désirée, 14.
Chartron père et fils et Monnier, r. de l'Arbre-Sec, 11.
Chabannes, r. Désirée, 9.
Chazal (J.), r. Désirée, 4.
Comi (Ch.), r. St-Polycarpe, 10.
Conrad frères, r. Puits-Gaillot, 1.
Contant (E.), r. Pizay, 5.
Coumert et Jaillard, r. Pizay, 18.
Creton et Ce, q. de Retz, 4.
Demorey, r. Désirée, 4.
Desgrand père et fils, r. Pizay, 24.
Desgrand (L.) et Ce, r. Lafont, 24.
Desplagnes frères, pl. Tholozan, 22.
Desgeorges (F.) et Ce, r. Puits-Gaillot, 19.
Dufour frères, r. Lafont, 24.
Dugas (P.), p. Tholozan, 22.
Dumontel et Crapone, r. du Garet, 3.
Duplay-Balay, r. Puits-Gaillot, 27.
Durieux (A.), r. de l'Arbre-Sec, 3.
Durieux et Charbon, r. de Lyon, 24.
Domergue, r. Pizay, 5.
Evesque et Ce, r. Puits-Gaillot, 31.
Feroldi et Ce, r. Pizay, 5.

Ferrieu (J.-A.), r. Lafont, 20.
Forrer et Vergnier, r. du Théâtre, 1.
Gamot (P.) et Ce, r. Puits-Gaillot, 11.
Germain frères et Ce, r. Sainte-Catherine, 3.
Gervais frères, pl. Croix-Pâquet, 11.
Gauthier, r. Désirée, 14.
Gauthier, Molade et Ce, r. du Griffon, 14.
Giraud (J.-B.), r. Puits-Gaillot, 7.
Guerin (veuve) et fils, 31, r. Puits-Gaillot.
Harmand, r. Pizay, 22.
Hecht-Lilienthal et Ce, r. du Garet, 3.
Jarricot (veuve) et fils, 21, r. Puits-Gaillot
Lacroix-Cousins et Ce, r. Désirée, 15.
Larrivière, r. des Capucins, 22.
Laurent, r. Terraille, 18.
Lombard et Ce, r. Désirée, 19.
Longin et Ce, r. Désirée, 16.
Maurel (F.), r. Puits-Gaillot, 11.
Malmazet, Pirjantz et Ce, r. Puits-Gaillot, 29.
Martin (L.) et Ce, r. Puits-Gaillot, 7.
Martorelli et Ce, pl. Tholozan, 23.
Mayor-Leydier et Ce, r. de l'Arbre-Sec, 16.
Mallier, r. du Garet, 4.
Mercier, r. Désirée, 4.
Meyer, Schinz et Ce, r. Désirée, 4.
Michaux (F. de) et Ce, r. Pizay, 16.
Milsom, Poy et Ch. Berry, pl. Tholozan, 19.
Momfaure et Ce, r. de l'Arbre-Sec. 11.
Montet et Rougane, r. Désirée, 14.
Mayrargues et Ce, rue de l'Arbre-Sec, 40.
Olivier (B.), r. Terraille, 22.
Osio et Ce, r. de l'Arbre-Sec, 18.
Oriani et Ce, r. Désirée, 4.
Palluat et Testenoire, r. du Griffon, 13.
Pattinson (J.) et Son, Tronel, représentant, r. de l'Arbre-Sec, 16.
Payen (L.) et Ce, r. de l'Arbre-Sec, 9.
Penet, Reiser et Ce, r. de l'Arbre-Sec, 13.
Perrin et Vialleton, r. de l'Arbre-Sec, 9.
Pétrequin, r. Pizay, 12.
Ponson (A.) fils, r. Pizay, 23.
Raffard et Chassignol, r. Puits-Gaillot, 33.
Rambaud, Thoral et Sestier, q. de Retz, 7.
Repelin, Chaix et Ce, r. Pizay, 9.
Revol et Dassier, r. de l'Arbre-Sec, 20.
Roustan et Ce, r. Puits-Gaillot, 11.
Savio (V.), r. Désirée, 4.
Semenza (E.), r. Pizay, 3.
Seux (A.) et Ce, r. Pizay, 11.
Sovîche et Karcher, p. r. des Feuillants, 2.
Simian, r. Désirée, 2.
Strazza, r. Désirée, 6.
Tavernier et Thevenin, r. Ste-Catherine, 7.
Thibaudet et Pascalis, r. Pizay, 22.
Thomas frères, r. Lafont, 16.
Tonoir, r. Désirée, 16.
Tronel (Côme), r. Puits-Gaillot, 25.
Tronel (J.-F.), r. de l'Arbre-Sec, 16.
Udhe, r. Désirée, 13.
Vallélion, r. Romarin 33 et r. Puits-Gaillot, 1.
Vernier, r. Mulet, 8.
Vitta (le baron), r. Lafont, 8.
Vogel et Ce, q. de Retz, 1.

Syndicat de l'Union des Marchands de soies

7, rue de Lyon.

H. Testenoire, *président;* Chamonard, *vice-président;* Coumert, *secrétaire;* Ch. Payen, *trésorier.*
Membres : Mayor, De Micheaux, Penet, Milsom, Semenza.

Société de garantie contre le piquage d'once

7, rue de Lyon.

E. Repelin, *président;* E. Brosset-Heckel, *vice-président;* O.-C. Faye, *secrétaire;* P. Jaillard, *trésorier.*
Conseillers : F. Besson, J. Gillet fils.

Chambre syndicale de la fabrique lyonnaise

Rue de Lyon, 7.

Audibert, *président;* Tapissier aîné, *vice-président;* Cathelin, *secrétaire;* Poncet, *trésorier.*
Membres : H. Adam, B. Audry, G. Cornu, A. Clerc, L. Emery, P. Gauthier, A. Gindre, A. Giraud, A. Guinet, S. Guyot, Perrin, Philippon, J.-M. Piotet, Ruby.
M. René Mas, secrétaire-archiviste, 7, rue de Lyon.

Fabricants de soieries, châles et velours

Adam (H.) et Ce, r. Lafont, 18, taffetas noirs et couleurs, nouveautés pour robes.
Médailles à Londres en 1862. Paris en 1855. Paris, 1867. Lyon. 1872 médaille d'or.

Affre et Jobert, r. des Capucins, 20, foulards imprimés.

Algoud frères, r. du Griffon, 3, soieries noires et unies.

Amiet et Proux, gr. r. des Feuillants, 3, soieries et couleurs.

Araud frères, r. St-Polycarpe, 12, parapluies, ombrelles.
Médailles à Paris en 1867. Lyon, 1872.

Arlin frères, pl. Croix-Pâquet, 11, taffetas noirs.

Association des tisseurs de Lyon, r. Romarin, 1.

Audry et Mathevon, r. Puits-Gaillot, 33, velours.

Audibert, Monin et Ce, gr. r. des Feuillants, 1 et 3, unies et façonnés.

Baboin Aimé, r. Royale, 33, tulles.

Bachelu et Ribollet, pl. Tholozan, 19, unies et façonnées.

Barban et Masson, r. Mercière, 26, ornements d'église.

Bardon et Ritton, gr. r. des Feuillants, 4, soieries unies et couleurs et nouveautés.
Médailles à Londres en 1862. Paris, 1867. Diplôme d'honneur au Havre 1868.

Baudinot (F.) et Ce, r. des Capucins, 18, velours façonnés.

Bayard (L.), r. de l'Hôtel-de-Ville, 100, fabrique de soieries et fournitures pour chapellerie.
Médaille d'argent à Paris 1867. Maison principale à Paris, r. du Temple, 51. Articles de Paris, Lyon, St-Etienne, bords et bourdalous, coiffes adhérentes, toiles adhérentes et galettes anglaises.

Bayard aîné et fils, r. Bât-d'Argent, 17, soieries, unies.

Bayzelon (A.) et fils, r. Pizay, 9, taffetas et satins.

Bellaton (J.-B.), pl. Tholozan, 26, soieries unies et châles soie.

Belmont frères et Ce, pl. Croix-Pâquet, 5, soieries unies et façonnées.

Bérard et Ferrand, q. de Retz, 2, nouveautés pour robes.

Berger (veuve) et Ce, pl. Croix-Pâquet, 5, gilets, cols et velours.

Berger frères, pl. Croix-Pâquet, 2, unies, armures pour gilets et cols.

Bergeron (A.), r. Puits-Gaillot, 29, velours.

Bernard et G. Gonnin, r. Pizay, 24, velours satin et moire antique.

Bianchini, Roux et Bernard.

Bibet et Ce, r. Puits-Gaillot, 9.

Bidon (J.-M.), r. St-Polycarpe, 12, ornements d'église, ameublements et articles du Levant.
Médaille au Havre, 1868. Lyon, 1872.

Billard, r. des Capucins, 25, velours en tous genres.

Binoux et Drogue, gr. r. des Feuillants, 1, velours.

Blache et Ce, pl. Tholozan, 27, velours de toutes qualités et nuances.

Bloc (J.), rue des Capucins, 19, foulards.

Boirivant (Ant.) aîné, r. des Capucins, 25, taffetas, noirs et armures.

Bonnet, Piot et Ce, r. Terraille, 15, lustrines, florences, taffetas, couleurs.

Bonnet (C.-J.), r. du Griffon, 8, officier de la Légion d'honneur, chevalier de l'ordre du Christ du Portugal, fabrique d'étoffes de soies unies noires.

Médailles à Paris, 1844, 1849. Londres, 1851. Paris, 1855. Londres, 1865. Paris, 1867.

Les petits fils de Bonnet(C.-J.) et Ce successeurs, diplôme d'honneur, au Havre, 1868. Lyon, 1872.

Bonnetain et Ch. Richarme, pl. Croix-Pâquet, 11, soieries, nouveautés et rubans.

Bonnevay aîné et (A.) Mietton, r. Romarin, 16, étoffes unies et brochées soie et dorure pour ornements d'église et damas en tous genres.

Borgnis et Ce, r. du Griffon, 8, unies et nouveautés.

Médaille à Lyon, en 1872.

Bonvalot, r. Romarin, 8.

Botton et Chavant, r. Victor-Arnaud, 21.

Bourdon et Ribolet, pl. Tholozan, 18, unies et armures.

Bouteille, r. des Capucins, 14, bourdalous, galons.

Boyriven frères, pl. Croix-Pâquet, 5, soieries et galons pour voitures et meubles.

Médailles d'argent : Paris, 1855. Paris, 1867. Havre, 1868. Médaille d'or à l'exposition universelle de Lyon, 1872.

Maison à Paris, r. Le Peletier, 37

» à Madrid, Santa-Maria, 4.

» à Bordeaux.

» à Toulouse.

Brassier, r. Ste-Catherine, 2.

Bréband et Ce, gr. r. des Feuillants, 6. Chapelle et Ce successeurs, unies et façonnées.

Bresson, Agnès et Ce, r. de Lyon, 1.

Breyton aîné, r. Romarin, 27, fabrique de soieries.

Brisson, r. Royale, 29, velours soie.

Brosset-Heckel et Ce, pl. Tholozan, 18, maison Heckel, satins unis, armures gros de Naples, taffetas et lustrines.

Médailles d'or en 1844-49. Première médaille à Londres, 1862. Médaille d'argent à Paris, 1867. Diplôme d'honneur au Havre, 1868 et à Lyon en 1872.

Brun et J. Vautheret, r. du Griffon, 14, taffetas noirs.

Brunet-Lecomte, Devillaine et Ce, pl. Tholozan, 24, soieries nouveautés, étoffes gazées et foulards. Médailles de première classe aux Expositions de Londres 1851 et 1862.

Médailles d'or Paris, 1855-67. Diplôme d'honneur au Havre, 1868. Décoration de l'ordre du Christ de Portugal à l'exposition de Porto, 1865.

Brunet et Mayet, r. des Capucins, 16, parapluies et ombrelles.

Médailles au Havre, 1868. Paris, 1867.

Buisson et Collongeat, r. Romarin, 16, foulards imprimés et façonnés.

Burel oncle, neveu et Ce, r. St-Polycarpe, 14, articles du Levant et ameublements.

Caffarel et Ce, r. du Griffon, 5.

Camel frères et Ce, successeurs de Sauvage et Camel pl Tholozan, 20.

Camus et J. Crozier, r. Royale, 29.

Caquet-Vauzelle et Côte, gr. r. des Feuillants, 6, étoffes de soie en tous genres.

Carabin et Canaval, r. Lafont, 18, velours unis, noirs et couleurs.

Carrier, Schenk et Condamin, r. du Griffon, 3, taffetas noirs.

Chaboud aîné, r. St-Polycarpe, 10, étoffes pour ornements d'église.

Chamard et Ce, gr. r. des Feuillants, 2, velours unis.

Chambon et Audras, r. Royale. 31. Anciennes maisons J. E. Tresca et Ce et Castellan, Audras et Ce, soieries, nouveautés.

Médailles r. Paris, 1867. Havre, 1868. Lyon, 1872.

Champagne, Humbert et Ce, gr. r. des Feuillants, 6, étoffes unies et nouveautés.

Chanay, r. Lafont, 8, florence, lustrines, foulards.

Chanel, pl. Croix-Pâquet, 11, châles brochés.

Chapelle et Ce, 6, grande rue des Feuillants.

Chapuis, r. St-Polycarpe, 8, serges taffetas et ombrelles.

Charbin et Ce, pl. Tholozan, 27, velours unis noirs et couleurs.

Charbonnet (E.), r. du Commerce, 12, taffetas noirs.

Charbonnet (C.) fils et Roche-Janez, pl. Tholozan, 27, velours unis noirs et couleurs.

Médaille d'argent à Lyon, en 1872.

Chavent père et fils, r. Puits-Gaillot, 2, étoffes façonnées.

Chevillard, r. Pizay, 7.

Christin et Ce, r. des Capucins, 29, foulards façonnés.

Cirlot et Frachon, r. des Capucins, 21, foulards.

Clayette et Mantellier, pl. Tholozan, 18, velours.

Cler (A.), r. Puits-Gaillot, 27, crêpes

Cochaud, de Boissieu et Ce, anciennes maisons Boissieu (de) et Cochaud, Brosset aîné et de Boissieu, fabrique d'étoffes de soies unies et façonnées.

Médailles à Paris, en 1827 ; médailles de première classe à Paris, en 1855 ; Londres, médaille de première classe, 1862; à Paris en 1867 ; à Lyon en 1872.

Collin et Berger, grande rue des Feuillants, 1, unies et armures.

Coquard, Chatagnon et Revel, rue Pizay, 7, étoffes pour ameublements.

Cornu père et fils et Ce, r. des Capucins, 15, parapluies.

Coste et Holstein, gr. r. des Feuillants, 8, taffetas noirs.

Couder et Ce (Livet et Turge, successeurs), r. Lafont, 20, étoffes pour cols et nouveautés.

Dalmais, rue Ste-Catherine, 11, fabrique de soieries.

David Scipion, r. Romarin, 3, taffetas noirs.

Declavières et Frinzine, r. Désirée, 2, soieries et velours.

Delasalle et Rebatel, rue des Capucins, 29, fabrique d'étoffes pour ameublements et voitures, draps, moquette, toile-cuir, maroquin et fournitures pour tapissiers.

Delosme, r. de Lyon, 37, petit satin pour la chapellerie.

Derbez et Ce, q. de Retz, 6, unies et façonnées.

Desgranges, r. du Bât-d'Argent, 2, gazes.

Desmarquet, Prénat et Ce, pl. Tholozan, 27, velours unis.

Médailles à Paris, en 1855 ; à Paris, en 1867.

Desq et Ce, r. des Capucins, 22, armures et nouveautés.

Detroyat et Mouth, r. des Capucins, 22, parapluies.

Detroyat (Ch.), r. des Capucins, 22, ameublements.

Dognin et Ce, r. Puits-Gaillot, 1.

Donat et Suchet, pl. Croix-Pâquet, 3, gilets nouveautés.

Doux, r. Romarin, 1, et pl. du Griffon, satins unis, spécialité pour chapellerie et la gainerie.

Médaille au Havre, en 1868.

Dreyfus et Ce, r. Puits-Gaillot, 15, fabrique de foulards.

Drivet et Nigri, r. de Lyon, 4, anciens associés et successeurs de Sève et Ce, velours unis noirs et de toutes couleurs, toutes largeurs, depuis 50 cent. jusqu'à 3 mètres, fabriqués aux fers et coupés à la main, pour robes modes, gainerie, chaussures, chapellerie, tailleurs, confections et ameublements.

Médaille d'honneur à Paris, 1855.

Médaille unique à Londres, 1862.

Médaille d'argent à Paris, 1867.

Drogue et Ce, petite rue des Feuillants, 9, fabrique de soieries nouveautés, popelines.
Médaille d'argent à Paris. 1867.

Dubois jeune, r. Puits-Gaillot, 23, foulards imprimés.

Duchaine et Bailly, r. des Capucins, 13.

Dufêtre neveu, r. des Capucins, 15, parapluies, ombrelles.

Dufêtre père et fils, r. St-Polycarpe, 14, parapluies, ombrelles.

Dufêtre et G. Richard, r. des Capucins, 18, parapluies, ombrelles.

Dumaine frères, r. des Capucins, 22, parapluies, ombrelles.

Dumond et Rolland, r. Pizay, 14, soieries unies.

Dumond (F.), r. du Griffon, 14, fabrique de soieries.

Dupont fils et G. Blanc, r. Victor-Arnaud, 17, velours unis.

Durand frères, r. de l'Arbre-Sec, 19, foulards imprimés et unis, nouveautés.
Médaille d'honneur à Paris, 1855. Médaille première classe à Porto, 1865. Médaille d'argent à Paris, 1867.
Usine à Vizille (Isère); usine au Cheylard (Ardèche).

Durieux fils et Domenjon, r. Mulet, 8, foulards.

Duringe, Gouttebaron et Ce, rue Puits-Gaillot, 24, unies.

Duviard-Dime et Ce, r. Terme, 18, ornements d'église.

Emery (L. et A.), r. du Bât-d'Argent, 17, fabrique d'étoffes en tous genres pour ameublements, ornements d'église, articles du Levant et pour voitures.
Médaille d'or à Paris, 1855.
» d'hon., Londres, 1851
» à Paris, 1867
Première médaille à Rome, 1870
Exposition du Havre, 1868, membre du jury, hors concours.
Exposition de Lyon, 1872, membre du jury.

Espiard et Ce, grande r. des Feuillants, 6, ancienne maison Espiard frères et Ce, exportation pour le Levant.

Favrot frères, r. des Capucins, 31, foulards.

Faye et Thévenin, pl. Tholozan, 21, soieries unies, couleurs, popelines.
Médaille à Paris, 1867.

Forteau jeune et Ce, r. Ste-Catherine, 18, ornements d'église.

Forteau et Clarion, rue Puits-Gaillot, 2.

Fichet frères, Muraour et Ce, rue Terme, 20.

Flandrin, r. de Lyon, 1, unies et dispositions.
Médaille d'argent à Paris, 1867.
» à Lyon, 1872.

Font, Chambeyron et Benoit, r. de Lyon, 2, velours unis.

Fornas-Bassieux frères, r. Lafont, 6, velours.

Fortoul, r. Lorrette, 11, ou rue du Griffon, 3, taffetas et étoffes unies noires et armures en tous genres.
Médaille à Paris, 1867.
» au Havre, 1868.

Fournier, r. Désirée, 6, ornements d'église.

Framinet frères et Ce, pl. Tholozan, 24, soieries unies.

Furnion et Ce, r. du Griffon, 10.

Furnion (fils aîné), r. Désirée, 2, nouveautés.

Gaillard, rue des Capucins, 29, châles.

Galland, pl. Croix-Pâquet, 5, cravates.

Galle et Ce, gr. r. des Feuillants, 3, unies et armures.

Gamot et Delaye, rue Vieille-Monnaie, 33, tapis de table, étoffes pour ameublements et tissus, bourre de soie pour impression.
Médaille à Paris, 1867.
» à Lyon, 1872.

Garcin et Ce, r. Lafont, 10, velours.

Garin et Cᵉ, pl. Croix-Pâquet, 2, gilets velours.

Garnier et Cᵉ, r. Puits-Gaillot, 17, velours.

Gauthier et Odet, r. St-Polycarpe, 14, ornements d'église.

Gautier (J.) et Cᵉ, pl. Tholozan, 27, velours unis.

Médaille d'argent à Paris, en 1867 ; diplôme d'honneur au Havre, en 1868.

Gay père, fils et Laffolay, rue du Griffon, 5, satins unis.

Gelot, Vermorel et Cᵉ, pl. Tholozan, 20, fabrique de soieries.

Géry et Cᵉ, r. du Commerce, 8, fabrique de soieries.

Gindre et Cᵉ, r. Puits-Gaillot, 2, satins en tous genres.

Médaille à Londres, 1851 ; médaille d'argent à Paris, 1867 ; médaille à Londres, 1862 ; médaille d'argent à Paris, 1867 ; médaille d'or au Havre, 1868.

Girard, oncle et neveu, r. des Capucins, 26, et pl. Croix-Pâquet, taffetas et faille.

Giraud (A.) et Cᵉ, r. du Griffon, 12, unies noirs et couleurs, parapluies et foulards.

Médaille d'or à l'Exposition universelle de Lyon, 1872.

Giraud frères, pl. Tholozan, 19, unies.

Girerd frères, petite rue des Feuillants, 6, taffetas noirs et cravates sergées.

Médaille d'argent à l'Exposition universelle de Lyon, 1872.

Girod et Miquey, r. des Capucins, 18, parapluies, ombrelles.

Girodon (A.), q. de Retz, 3, nouveautés diverses.

Girodon et fils, q. de Retz, 8.

Gondre et Cᵉ, pl. Tholozan, 19, velours.

Gonnet et Cᵉ, r. de l'Arbre-Sec, 3, fabrique de soieries.

Goumand et Poix, rue Coustou, 4, gilets.

Gourd-Croizat fils et Dubost, q. de Retz, 1, unies et façonnées.

Médaille à Paris, 1867.

Gourd et Pelet, r. de Lyon, 7, foulards pour doublures.

Goux, r. de Lyon, 45, soieries pour chapellerie

Gouzène et Cᵉ, r. Pizay, 22, foulards, couvertures.

Graissot et Cᵉ, r. Pizay, 11, damassés soie et fantaisie China et articles anglais, article déposé dit Mossouls.

Exposition de Lyon 1872, médaille de bronze.

Guéneau, r. du Griffon, 3, étoffes unies et façonnées.

Gueydan et Chavassieux, r. des Capucins, 26, soieries, gilets, nouveautés, cols, cravates.

Médaille d'argent au Havre en 1868.

Guibout et Cᵉ, r. des Capucins, 16, ornements d'église.

Maison à Paris, boulevard Sébastopol, 44.

Guinet (J.) et fils, r. Lafont, 18 et 20, et r. du Garet, 3, unies et nouveautés.

Guinet (Ant.) et Cᵉ, vice-consul du Chili, r. du Griffon, 13, soieries unies et velours.

Guiret et Léricel, pl. Croix-Pâquet, 3, étoffes unies et noires.

Guise frères et Cᵉ, r. Lafont, 8, unies et velours.

Guitard, r. Romarin, 12, velours.

Guyot, r. St-Polycarpe, 16, cols, cravates.

Henry, r. du Garet, 3, fabrique d'étoffes, ornements d'église.

Jamet et Ologne, pl. Tholozan, 21 Manufacture de foulards à St-Julien-Molin-Molette (Loire).

Jandin et Duval, r. Puits-Gaillot, 31, foulards, nouveautés.

Janin et Cᵉ, r. Puits-Gaillot, 29, fabrique à St-Nazaire-en-Royans.

Janin, Brès et Cᵉ, 11, pl. Croix-Pâquet, ancienne maison Maffei et Bouvier, foulards, cravates et nouveautés.

Jarrosson, rue Puits-Gaillot, 5, crêpes.

Jarrosson (M.) et Cᵉ, 1, r. de l'Hôtel-de-Ville, tulles.

Jaubert, Audras et Cᵉ, (anc. maison Bellon frères et Conty), 8, r. du Griffon, soieries noires unies et à dispositions.

Médailles à Londres en 1851, de première classe à Paris en 1855, à Londres en 1862, à Paris en 1867, diplôme d'honneur à l'Exposition de Lyon 1872.

Josserand, Févrot et Cᵉ, pl. Tholozan 19, soieries, gazes, foulards, modes, cols, etc.

Jourdan, Verchère et Cᵉ, r. des Capucins, 23, foulards et taffetas noirs.

Jullien, Jance et Cᵉ, 29, r. Puits-Gaillot, unies et nouveautés.

Jurien fils, impression sur châles laines, foulards et chaîne soie, fabr., comptoir et magasin rue de la Cole, Villeurbanne, dépôt à Lyon, r. de Thou, 1.

Kuppenheim (M.), r. de Lyon, 5, fabrique de foulards.

Labeaume frères, r. des Capucins, 22, taffetas noirs.

Laboré et Barbequot, 33, r. Puits-Gaillot.

Médailles d'argent Paris, 1867.
» » » 1834.
» d'or » 1839-44-49. P. M. London 181. — Médaille première classe, Paris, 1855,— d'argent, le Havre, 1868.

Soieries unies, façonnées, châles, nouveautés et velours mécanique.

Lachard, Besson et Cᵉ, 31, r. Puits-Gaillot, nouveautés en crêpes de Chine.

Lachard frères et Cᵉ, 31, r. Puits-Gaillot, soieries noires et couleurs pour doublures.

Lacroix-Martin, r. Désirée, 16, unies et nouveautés.

Laguaile et Escot, 25, pl. Tholozan, soieries et nouveautés pour modes.

Lamy, Giraud et Cᵉ, 3, q. de Retz, fabrique de soieries nouveauté.

Médaille à l'Exposition universelle de Londres, 1862.

Landru, 16, r. des Capucins, foulards, pour doublures, étoffes pour parapluies et ombrelles.

Lang et Cᵉ, 6, gr. r. des Feuillants, soieries, nouveautés pour cols, velours et peluches pour modes.

Lardy, pet. r. des Feuillants, 3, foulards.

Lavergne, Quinqueton et Cᵉ, rue Terraille, 22, tulles soie unie. Maison à Paris, 23. r. du Sentier.

Lemaitre et André, pl. Tholozan, 24, velours.

Lempereur et Despiney, 7, r. Pizay, et r. de Lyon, 1, marcelines, florences et lustrines.

Lerocher et fils, 5, r. du Garet, tissage mécanique, fabr. d'étoffes pour chapellerie et doublure.

Lévy, 5, rue du Griffon, foulards imprimés.

Lotiron, r. du Plâtre, 8.

Lupin, Girard et Cᵉ, 33, r. royale, velours unis noirs.

Macors et Cᵉ, 23, r. des Capucins, taffetas unis, florences et lustrines.

Médaille d'argent, Paris, 1867.
» d'or, le Havre, 1868.

Magnillat, 16, r. des Capucins, parapluies et ombrelles.

Mancardi, 2, pl. Croix-Pâquet, soieries unies et à dispositions.

Médaille à Lyon en 1872.

Mantoux et Cᵉ, 11, r. du Griffon, gilets, cols, armures et étoffes pour confections.

Médaille à Paris, 1867.
» d'argent, le Havre, 1868. Médaille à Lyon, 1872.

Marion, 18, r. de l'Arbre-Sec, satins unis et foulards.

Marion frères, 26, place Tholozan,

tulles.

Martin (J.-B.), pl. Tholozan, 19, velours et peluches.

Martin (Pierre), r. des Capucins, 20.

Martin et Dolbeau, 5, r. Pizay, châles de soie.

Martin, Aillod et Valette, r. Lafont, 8, et r. Pizay, 7, velours unis noirs et couleurs.

Martin, Savaresse et Ce, 7, r. du Griffon, unies.

Mathevon et Bouvard, 26, pl. Tholozan, ameublements, ornements d'église, articles du Levant, gilets nouveautés.

Médaille d'or à Paris et décoration de la Légion-d'honneur. Médailles à Londres, en 1862.

Mathon, 35, r. de la Bourse, fabrique de gaze et petit satin pour modes, étoffes, bandes et coiffes pour la chapellerie.

Mauvernay et Ce, r. du Griffon, 7, et pl. Tholozan, 21, taffetas et gros grains.

Mayet et Reignier, r. du Griffon, 1, foulards et nouveautés.

Mayet et Thévenet, r. Puits-Gaillot, 21, soieries, robes, nouveautés.

Médaille à Lyon, 1872.

Mazade et Ce, 11, pl. Croix-Pâquet, crêpes de Chine pour modes et robes, châles et fichus de soie, gaze nouveauté pour modes et robes, grenadines soie, unies et nouveautés pour modes et confections.

Médaille à Lyon, 1872.

Mazancieux, Faussemagne et Ce, 25, pl. de la Comédie, fabrication d'étoffes de soie.

Menet et Ce, 20, pl. Tholozan.

Merle aîné et Ce, r. Puits-Gaillot, 5, étoffes nouveautés pour cols, cravates.

Mermet et Mouly, 20, r. Lafont, articles pour doublures et satin.

Médaille à Paris, 1867.

» à Lyon, 1872.

Michel (J. et P.), pl. Tholozan, 21, foulards et nouveautés.

Micol et Triquet, r. Lafont, 10.

Million et Servier, q. St-Clair, 12, unies et velours.

Médaille d'argent à Paris, en 1867 ; à Londres 1851.

Millioz et Ce, pl. Croix-Pâquet, 5, fabrique de châles.

Missot, r. Palais-Grillet, 12, satins.

Mollard et Guigou, gr. r. des Feuillants, 1, unies noires, moires et antiques.

Monestier aîné et Ce, r. Pizay, 20, angle de la r. de Lyon, taffetas et faille unis, florences, marcelines. Maison à Avignon (Vaucluse).

Montessuy et A. Chomer, r. Puits-Gaillot, 25, fabrique de crêpes français, anglais et nouveautés.

Médaille à Londres, 1851 ; à New-York, 1853 ; médaille d'honneur et décoration à Paris, 1855 ; médaille d'argent à Paris, 1867 ; diplôme d'honneur au Havre, en 1868.

Usine, pour gaufrage, apprêt et teinture, q. de Serin, 60. Usine et moulinage à Vienne (Isère). Usine, moulinage et tissage, à Renage (Isère).

Morel et Ce, r. de l'Hôtel-de-Ville, 9, dorures, passementeries et broderies, étoffes pour ornements d'église et ameublements.

Médaille au Havre, 1868.

Morel et (C.) Ce, r. St-Polycarpe, 10, soieries, parapluies et ombrelles.

Morel-Patel (veuve) fils, r. Lafont, 1, soieries noires unies.

Morin et Bost aîné, r. Désirée, 14, étoffes dorures.

Mortier-Mazet, r. Neuve, 18, velours et taffetas noirs.

Munet et Ce, 27, pl. Tholozan, velours.

Neyret et Ce, r. Pizay, 22, manufacture de satins unis en tous genres, soie et trames coton, étoffes pour chapellerie gainerie et fourrures.

Nouveau, r. Désirée, 2.' étoffes pour ornements d'église.
Odin, Perronnier et Ce. r. du Griffon, 3, unis couleurs.
Ogier aîné et Ce, r. Romarin, 1 et pl. du Griffon, 7, unies couleurs et armures.
Médaille au Havre, 1868.
» Lyon, 1872.
Ogier et Ce, r. Pizay, 11.
Pansut, r. des Capucins, 13.
Parenthou et Ce, r. Romarin, 10, gilets, velours.
Pascal et Tabard (Tabard, Benoit et Ce successeurs), 18, r. Lafont, étoffes unies et noires.
Passeaud (T.), 35, r. du Commerce, schappes simples et doubles, cordonnets.
Patay, pl. du Griffon, 5.
Patin aîné et Ce, r. des Capucins, 18, parapluies et ombrelles.
Paule et Coudurier, r. Royale, 29-31. étoffes noires.
Péalat, r. de Lyon, 2, gazes et châles grenadines.
Penet aîné, r. St-Polycarpe, 14, parapluies ombrelles.
Permezel et Ce, r. des Capucins, 25, foulards, doublures.
Perret, pl. Croix-Pâquet, 3, unies.
Perrin et Revol-Sandoz, rue Désirée, 14, foulards et châles.
Perriolat fils et Dumoulin, r. du Griffon, 15, unies noires.
Phillippon, Blanc et Ce, r. Pizay, 16, étoffes nouveautés.
Pin fils et Clugnet, r. de l'Hôtel-de-Ville, 1.
Pierron et Roche, r. du Garet, 5, soieries, spécialité de foulards imprimés en tous genres, robes et mouchoirs.
Médaille à Londres, 1862.
» Paris, 1867.
Piotet, gr. r. des Feuillants, 4, soieries et nouveautés pour robes.
Médaille d'argent à Paris, 1867.
Poidebard, Gondard et Ce, pl. Tholozan, 24.
Poncet père et fils, pl. Tholozan, 26, unies et nouveautés riches.
Médaille d'argent à Paris, 1867
Poncet et Morel, r. du Griffon, 3, nouveautés pour robes et articles du Levant.
Médaille d'argent à Paris, 1867.
Ponson et Ce, r. Victor-Arnaud, 21, soieries unies, velours moires, robes; grandes nouveautés, popelines.
Médaille d'argent à Paris, 1867
Prodel père et fils, r. Romarin, 8, foulards.
Pradère (B.), r. de l'Arbre-Sec, 40, foulards, imprimés.
Pradère (B.-F.), r. Puits-Gaillot, 19, foulards imprimés.
Pramondon, Corompt et Ce. q. St-Clair, 11, fabrique d'étoffes d'ameublement en soie et fantaisie.
Médailles à Paris, 1855.
Pravaz (J.), r. St-Polycarpe, 16, crêpes.
Pravaz (H.) et Bouffier, rue Lafont, 16.
Puigsech et Ponchon, r. Romarin, 3 et pl. du Griffon, 5, tissus, foulards damassés soie et fantaisie doublure et chapellerie.
Quinson et Ce, 8, r. de Lyon, velours.
Rabatel et Vachon, r. Lafont, 20, taffetas, unis et façonnés.
Ravier et Sauzion, pl. Tholozan, 22, popelines, étoffes unies et façonnées.
Médaille d'argent Paris, 1867.
Ray jeune et Ce, pl. Croix-Pâquet, 2, foulards et robes.
Regné et fils, r. St-Polycarpe, 5, parapluies.
Renaudin, r. St-Polycarpe, 10, parapluies.
Rendu et Moïse, q. St-Clair, 16 et r. Royale, 33, fabrique de grenadines et gazes en tous genres, châles et crêpes de Chine.
Revay cousins, r. des Capucins, 26,

taffetas noirs.

Reverchon, r. des Capucins, 20, spécialité de foulards façonnés dits pongis et articles cols cravates

Médaille au Havre, 1868. à Paris, 1867.

Reynier et Bosson, r. du Griffon, 12 fabrique de soieries, grenadines, crêpes de Chine, cols-cravates et fichus.

Reyre-Louvier, Bellisson et Ce, r. Lafont, 2, fabrique de soieries, Médaille à Paris, 1867.

» Lyon, 1872.

Ribollet et Piraud, r. du Griffon, 8, unies et nouveautés.

Riboud frères, r. des Capucins, 20, velours unis.

Richard (A.), 3, r. de Lyon, unis couleurs.

Richard, Georges Dufêtre et Charlet, r. des Capucins, 16, parapluies

Richarme et Chirac, rue du Griffon, 7.

Richerot, Janoray et Ce, pl. Croix-Pâquet, 8, velours unis.

Rivière, r. St-Polycarpe, 8, velours.

Ritton (Joannès), ancienne maison Berger et Ritton, 11, pl. Croix-Pâquet, étoffes nouveautés, velours pour gilets.

Médaille au Havre 1868.

Roche (Alf.), gr. r. des Feuillants, 6, étoffes façonnées.

Roche (Ant.), pl. Croix-Pâquet, 4, velours unis.

Rosset, r. du Griffon, 9 et pl. Tholozan, 21, spécialités de grenadines unies, crêpes de Chine de toutes qualités, gazes en tous genres, tissus nouveautés, châles, robes, cravates, fichus et confection.

Routier, Crozet et Ce, r. de Lyon 5

Rouveure et Musy, gr. r. des Feuillants, 1, velours.

Roux (J.), pl. Croix-Pâquet, 1, foulards imprimés, nouveautés et façonnés.

Roybet et Naquin, pet. r. des Feuillants, 9, foulards unis.

Ruby et Ce, gr. r. des Feuillants, 4, foulards.

Rulliat, r. du Griffon, 2, velours unis.

Sauvage et Camel frères, (Camel frères et Ce successeurs), place Tholozan, 20, unies et nouveautés.

Schulz et Béraud, r. du Griffon, 8, spécialité haute nouveauté façonnés, unis et velours.

Grande médaille d'honneur à Paris. — Londres. — Porto.

Sécretant, r. des Capucins, 16, ameublements.

Séguy, r. des Capucins, 20, taffetas parapluies.

Servant et Ce, r. Lafont, 6, velours, unies.

Médailles d'argent à Paris, 1834-39, première classe à Paris, 1855, à Londres, 1862, à Paris, 1867.

Seux-Mathevon, r. Romarin, 10.

Sévène, Barral et Ce, r. de Lyon, 1 taffetas, noirs et couleurs, robes nouveautés.

Médailles de deuxième classe à Paris, 1855. Londres, 1862, d'argent Paris, 1867.

Seyssel, r. Romarin, 13, articles du Levant.

Sigaud, Gondard et Ce, r. Puits-Gaillot, 4, velours.

Sisley et Colleuille, pl. Tholozan, 18, unies.

Suchard, r. des Capucins, 23, parapluies.

Tabard (B.) et Ce. r. Lafont, 18 et r. du Garet, 3, ancienne maison Pascal et Tabard, étoffes unies et moires.

Médailles d'argent Paris, 1867, d'or au Havre, 1868.

Tabard (G.-F.) et Ce, q. de Retz, 2, soieries et velours.

Tapissier fils et Debry, pl. Tholozan, 26, soieries unies.
Médaille d'or Lyon, 1872, d'argent Paris, 1867, membre du jury, hors concours au Havre, 1868. Londres, 1862. Toulouse, 1865.

Tassinari et Chatel, 11, pl. Croix-Pâquet, étoffes pour ameublements et ornements d'église.
Médaille d'or au Havre, 1868.

Teillard (C.-M.) et Ce, r. Royale, 29, étoffes unies et velours.
Médailles d'or Londres, 1855. Paris, 1855-67.

Thevenet et Roux, pl. Tholozan, 21, étoffes unies.

Thevenet-Monnet, r. Romarin, 14, cravates, taffetas noirs.

Tholon et Vernon, r. St-Polycarpe, 8, parapluies.

Thibaut et Monnet jeune, r. du Griffon, 8, marcelines, florences, lustrines noires et couleurs, faille et taffetas couleurs, unis.

Tournu et Ce, pl. Croix-Pâquet, 5, unies.

Trapadoux (A.-L.) frères et Ce, r. du Griffon, 17 et r. Puits-Gaillot, 29, fabrique de foulards pour mouchoirs, robes, cravates, doublures.
Médailles Londres, 1862. Paris, 1867. Havre, 1868.
Manufacture à Bourgoin (Isère)

Trayvoux, Lesne et Ce, 1, r. du Griffon, fabrique d'étoffes de soies.

Troubat (A.) et Ce, r. Lafont, 16, soieries unies.

Valansot et Geoffray, q. de Retz, 7, étoffes pour cols cravates.

Vanel et Ce (L. Ringard, Morel et Ce, successeurs), r. St-Polycarpe, 10, étoffes brochées, soie, or et argent, velours pour ameublements d'église.

Vermorel, Maurel et Chabert, gr. r. des Feuillants, 1, unies et nouveautés.

Verpillat, r. du Griffon, 3, soieries unies

Vert et Bussod frères, pl. Croix-Pâquet, 5.

Viennois (F.), r. du Griffon, 12, unies et armures.

Villard (A.), Bocoup fils et Ce, r. du Griffon, 5, grenadines, gazes de Chambéry, crêpes de Chine et hazes nouveautés en tous genres.
Médaille à Paris, 1867.

Villard et Ce, q. St-Clair, 16, velours unis.

Villion et Ce, r. Lafont, 20, foulards imprimés, unis et damassés, chapellerie et doublures.

Villy et Ce, 18, r. Lafont, manufacture de tissus, foulards.

Vincent et Ce, r. des Capucins, 25, parapluies.

Voron et Ce, r. Coustou, 4, gilets.

Vulpilliat, Bathéron et Ce, successeurs, r. Mulet, 12, étoffes pour chapellerie.

Fabricants de foulards imprimés et façonnés

Affre et Jobert, r. des Capucins, 20.
Berteaux et Radou, pl. Tholozan, 18.
Bloch, r. des Capucins, 19.
Buisson et Collongeat, r. Romarin, 16.
Brunet-Lecomte, Devillaine et Ce, pl. Tholozan, 24.
Chardon père et fils, r. du Griffon, 3.
Christin et Ce, r. des Capucins, 29.
Cirlot et Frachon, r. des Capucins, 21.
Damiron, r. de l'Hôtel-de-Ville, 76.
Dreyfus et Ce, r. Puits-Gaillot, 15.
Dubois jeune, r. Puits-Gaillot, 23.
Dumond et Roland, r. Pizay, 14.
Durand frères, r. de l'Arbre-Sec, 19.
Duressy, Bianchini et Ce, rue des Capucins, 19.
Favrot frères, r. des Capucins, 31.
Félix et Veil, r. Constantine, 9.
Figurey père et fils, r. des Capucins, 12.
Goffet et Ce, r. de l'Arbre-Sec, 3.
Gouzène et Ce, r. Pizay, 22.
Graissot et Ce, r. Pizay, 11.
Jamet et Olagne, ancienne maison J. Corrompt et fils, pl. Tholozan, 21.
Jandin et Duval, r. Puits-Gaillot, 31.
Janin, Brès et Ce, pl. Croix-Pâquet, 11.
Josserand, Fevrot et Ce, pl. Tholozan, 19.
Jourdan, Verchère et Ce, r. des Capucins, 23.
Jurien fils, r. de Thou, 1.
Kuppenheim et Ce, r. de Lyon, 5.
Lévy, r. du Griffon, 5.
Mayet et Reignier, r. du Griffon, 1.
Michel (J. et P.), pl. Tholozan, 21.
Miegemolle, pl. du Pont, 12.
Perrin et Revel-Sandoz, r. Désirée, 14.
Pierron et Roche, r. du Griffon, 17.
Pradel, père et fils, r. Romarin, 8.
Pradère (B.), r. de l'Arbre-Sec, 40.
Pradère (F.), r. Puits-Gaillot, 19.
Pradère frères, r. de Brosses, 15.
Puigsech et Ponchon, r. Romarin, 3.
Ray jeune et Ce, pl. Croix-Pâquet, 2.
Reverchon, r. des Capucins, 27.
Roux, pl. Croix-Pâquet, 1, et r. du Griffon, 1.
Ruby et Ce, grande rue des Feuillants, 4.
Trapadoux frères et Ce, r. du Griffon, 17.
Villion et Ce, r. Lafont, 20.
Villy et Ce, r. Lafont, 24.

Soies à coudre et à broder

Ayné frères, q. de Retz, 1.
Baverey et Ce, c. Lafayette, 224.
Bollard et Ce, q. de Retz, 12.
Costal, r. Grenette, 23, fabrique de soies spéciales pour machines à coudre et pour toutes les industries. Médaille de bronze à l'exposition de Lyon, 1872. Dépôt des machines à coudre C. Peugeot et Ce, d'Audincourt (Doubs), médaille d'or à l'exposition de Lyon, 1872.
Curbillon et Costal fils, rue des Forces, 2, fabrique de soie à coudre teintes et écrues, soies spéciales pour machine à coudre.

Daillon, Henry et Chevassu, r. Centrale, 48.
Delay et Bouchu, r. Tupin, 1.
Durieux et Charbon, r. de Lyon, 24.
Engisch et Cᵉ, r. des Capucins, 13, fabrique de soies à coudre, teintes et écrues, soies fantaisies pour passementeries et dentelles. Maison à Zurich (Suisse).
Fayard et J. Blanc, r. de l'Hôtel-de-Ville, 60.
Germain frères et Cᵉ, r. Ste-Catherine, 3, soies teintes et écrues pour coudre, passementeries et dentelles, représentés à Paris, par M. Hecht Perdrieau, r. Richer, fabrique à la Seauve (Hte-Loire).
Ingold, passage de l'Hôtel-Dieu.
Jarricot (veuve) et fils, r. Puits-Gaillot, 21, maison à Paris, boulevard Sébastopol, 55.
Médaille d'argent à Paris, 1867, d'argent, à Lyon 1872, soies écrues et teintes et schappes teintes en tous genres pour coudre, pour machines à coudre, franges, filets et broderies.
Jarry, avenue de Saxe, 105, machines à coudre de tous systèmes, fabrique de soie pour machines à coudre pour toutes les industries, extra-légères, fines.
Monnin et Bazin, r. Centrale, 24.
Pelletier et Cᵉ, r. de Lyon, 26.
Pichon jeune, r. St-Pierre, 27.
Picollet fils et Cᵉ, gr. r. Longue, 10
Séon, rue et palais de la Bourse.
Varraud et Pirodon, r. Centrale, 32

Teinturiers en soie

Association des ouvriers teinturiers des villes de Lyon et St-Etienne. Directeur, M. Catignon, cours Lafayette, 37.
Bajard (E.), r. de la Vieille, 11.
Baujé (F.) fils, r. d'Herbouville, 67.
Berthet, q. des Brotteaux, 9.
Brossard, r. des Prêtres, 18.
Bruyas, Grataloup et A. Gonnet, m. de la Butte, 6.
Charrier, r. du Consulat, 10.
Chassot et Chavagnon, r. de Chartres, 126.
Collomb et Cᵉ, q. St-Vincent. 21.
Corrompt et Toussaint, r. Godfroy, 27.
Courtaud et Bouche, r. Tupin-Rompu.
Chapuis et Haug, r. Tavernier, 4.
Deschamps frères, r. des Culotes, 51.
Drevon aîné, c. d'Herbouville, 59.
Déthomme, r. de l'Arbre-Sec, 29.
Doublier fils, r. Cuvier, 16.
Dubois, Adam et Buénerd, r. Tavernier.
Dufour, q. des Brotteaux, 8.
Fayolle, c. d'Herbouville, 59.
Filliat et Cᵉ, c. d'Herbouville. 70.
Four (veuve) et Coste, cours d'Herbouville, 8.
Galvin et Roche, q. de Pierre-Scize, 43.
Gay (Aug.) oncle et neveu, Avenue de Noailles, 9.
Gillet et fils, q. de Serin. 9 et St-Chamond.
Gruneaud et Tranchand, c. d'Herbouville, 46.
Guillerin, r. Vauban, 6.
Gaillon, Robin et Cᵉ, r. de Sèze, 31.
Guinon, Marnas et Bonnet, r. Bugeaud, 6.

Henry, q. St-Vincent, 9 (impasse Gonnin).
Janin, q. St-Vincent, 56.
Jullien, impasse Tavernier.
Larpin et fils, r. St-Marcel, 11 et 13.
Martelet frères, q. St-Vincent, 12.
Mas (E.), pl. de la Boucle, 2.
Méray et Ce, r. Tavernier, 3.
Midrié et Montier, chemin Scaronne, 1.
Morin, Collomb, r. Lafayette, 34.
Paccaly frères, r. Bossuet, 20.
Parron, q. de Serin, 16.
Perrin et Ce, r. Lafayette, 36.
Petré et Bénier, r. Monsieur, 12.
Piaton Bredin et Ce, r. de la Quarantaine, 5.
Picot et Fayard, r. Montbernard, 14.
Pierron et Gras, pl. de la Boucle, 3.
Pinet (A.) aîné, boulv. du Nord, 1.
Pinet (jeune), r. Tavernier, 8.
Pitrat et Cornu, c. d'Herbouville, 63-64.
Ramol frères, Couturier et Ce, r. de la Vieille, 13.
Randu, r. Nayard, 2.
Renard et Villet, q. Pierre-Scize, 53.
Salignat frères, q. St-Vincent, 59.
Savigny et Bunand, r. Bugeaud, 11.
Seux et Tardy, r. Cuvier, 11.
Tivolet, r. Barême, 10.
Valliot et Dussuc, r. du Nord, 2.
Veuillot jeune, avenue de Noailles, 1
Vindry neveux et Ce q. St-Vincent, 8

Moulinier

Armanier, r. Vauban, 54.
Avon, r. Vaudrey, 13.
Avy (Dlle), r. Créqui, 7.
Barbier et Rey, r. de Sèze, 45.
Barraton, r. Vauban, 61.
Beautheac, r. Ney, 41.
Béraud, r. du Sacré-Cœur, 147.
Berthet, r. des Martyrs, 133.
Blanc, boul. des Brotteaux, 12.
Bonnardel, r. Bossuet, 65.
Bonnet, côte des Carmélites, 10.
Bory, r. Bossuet, 96.
Bouchet, r. Bugeaud, 128.
Brun, r. Cuvier, 152.
Buhart (Mme), m. de la Boucle, 36.
Buyat, montée de la Boucle, 36.
Caillat, r. Tête-d'Or, 104.
Chareyre, r. Ney, 33.
Chaumard, r. du Gazomètre, 1.
Chazallet, r. Duguesclin, 210.
Chomat, r. Magneval, 15.
Christophe, r. du Gazomètre, 10.
Christophe, r. Vauban, 100.
Couderc, ch. du Sacré-Cœur, 151.
Contré, r. de Sèze, 127.
Corraton, m. des Carmélites, 10.
Craponne père et fils, montée des Carmélites, 10.
Déchamps, r. Cuvier, 104.
Delègue, r. Neuve, 4.
Deroudille, r. Vendôme, 141.
Detri, montée des Carmélites, 10.
Détrix, r. Vendôme, 9.
Esclosant, r. Mongolfier, 45.
Eyraud, pl. Rouville, 5.
Fort-Bernard, cours Vitton, 53.
Gamandet, r. Masséna, 33.
Giraud, pl. Pénitents-de-la-Croix, 6.
Girod, r. des Fantasques, 11.
Gleizal, r. Cuvier, 120.
Guaize, montée du Change, 5.
Guigon, passage Saint-Pothin, 11.
Guillermet, r. des Fantasques, 12.
Hebrard, r. Garibaldi, 95.
Jourdan, montée Rey, 11.
Lacombe et Ce, Imbert-Colomès, 12
Ladret, montée des Carmélites, 10.
Lanfray, r. Vauban, 98.

Lauras, r. Précy, 51.
Levral, cours Lafayette, 57.
Mallessard, r. des Fantasques, 12.
Marcel, r. de Sèze, 25.
Marin, place Colbert, 8.
Martin (Mme), place Tholozan, 13.
Martinent, cours Lafayette, 69.
Martinet, r. Vaudrey, 21.
Mazagier, r. Bugeaud, 62.
Mazet, r. Boileau, 4.
Monier, r. Jacquard, 14.
Pichet (Ve), r. Cuvier, 129.
Pichat, cours Charlemagne, 72.
Ripert (Mme), r. Cuvier, 63.
Rivière, r. de Sèze, 46.
Roche, r. Barême, 11.
Rostain, r. Vauban, 10.
Selette, cours Vitton, 93.
Sollière, place Tholozan, 19-21.
Suchant, r. Ney, 41.
Téoul, place Saint-Michel, 32.
Terrasse, r. Perrod, 13.
Tessier, r. Duguesclin, 108.
Thérasse, r. Flesselles, 20.
Thévenon, 147, chemin du Sacré-Cœur.
Toureille, montée de la Boucle, 36.
Vaudrey, r. Rivet, 4.
Viallet, r. Bugeaud, 99.
Vidal, r. Duguesclin, 149.

Essayeurs

Aulier (Mmes D. et C.), r. Lafont, 24.
Bertrand, r. du Griffon, 12.
Bouvet, Dupoyet et Ce, r. Désirée, 6.
Bret (Ve), r. Terraille, 18.
Cornet, place de la Comédie, 25.
Demaison, r. Terraille, 18.
Duvivier, r. du Griffon, 14.
Humblot, petite r. des Feuillants, 3.
Passebois, r. Terraille, 14.
Perret, r. du Griffon, 1.
Sachet, r. Désirée, 19.
Sautel (Mme), r. Terraille, 18.
Vincent, r. Désirée, 11.
Voisin, r. du Griffon, 5.

Commissionnaires

Andréa, Geaven et Ce, r. Lafont, 20.
Abel Soubranche et Ce, r. Lanterne, 1.
Arbey, pl. des Terreaux, 1.
Arlès-Dufour, pl. Tholozan, 19.
Arsac, Déléage et Fonrobert, r. Centrale, 15.
Auffm-Ordt, Sturmer et Ce, représentant A. Bruyas, q. de Retz, 6.
Bacouel et Pognon, pl. Croix-Pâquet, 2.
Balme frères, r. St-Marcel, 25.
Barban et Masson, r. Mercière, 27.
Bagol, r. Vieille-Monnaie, 17.
Bardey, pl. Tholozan, 18.
Bardin et Bourgeois, r. des Capucins, 22.
Barry, q. St-Clair, 10.
Bardou, q. de Retz, 4.
Basset, r. Pizay, 11.
Battur et Ce, r. du Plâtre, 4.
Beaucaire, r. Victor-Arnaud, 9.
Bechetel, q. de Retz, 5.

Besson, r. des Capucins, 6.
Bellissent cousins, rue Victor-Arnaud, 13.
Benazech, représenté par Bécus, r. Puits-Gaillot, 1.
Bentley et sons de Londres, q. St-Clair, 9.
Bergier, r. du Jardin-des-Plantes, 9.
Bernelin, r. Désirée, 4.
Berteaux et Radou, place Tholozan, 18.
Billon (H.) et Ce, r. de la Bourse, 43 et 45.
Bloch et P. Ritter, q. St-Clair, 7.
Bloch, r. Romarin, 27.
Blumer, Brun et Sommerhoff, chez Louis Tresca et Ce, r. de Lyon, 3.
Boggio et E. Garand, q. St-Clair, 2.
Boucicaud, r. Victor-Arnaud, 13.
Bordet, r. Romarin, 21.
Bougleux et Ce, r. de l'Arbre-Sec, 40.
Bouillier, Gaillard et Ce, rue de Lyon, 12.
Bouillod et Ce, r. du Bât-d'Argent, 1.
Bourdelin et Laborde, quai St-Clair, 12.
Boyd et Ce, représentés par Johnson (Thomas-Henri), quai St-Clair, 9.
Bradbury Greatorex et Ce, r. Victor-Arnaud, 5.
Brochot et Lavesvre, pl. St-Clair, 2.
Brown et Ce, q. St-Clair, 9 et 10.
Brun, r. de l'Arbre-Sec, 26.
Cambefort et Ce, r. de Lyon, 4.
Candy et Ce, pl. des Pénitents de la Croix, 3.
Carpentier frères et St-Germain, q. St-Clair, 1.
Carrand, r. St-Marcel, 19.
Carvaillo et A. Pinede, pl. des Pénitents de la Croix, 3.
Caupert frères, représentés par P. Bienvenu, r. du Thou, 5.
Cerf, r. de Lyon, 2.
Chandler (R.), pl. Tholozan, 18.
Charpine frères, r. Royale, 43.
Chartier (Ch.) et Ce, r. Royale, 14.
Chas, Fournier, Lanxade et Ce pl. Tholozan, 20.
Chauchard, Hériot et Ce, r. Victor-Arnaud, 13.
Chevalier et Burel, r. Royale, 6.
Chicotot, q. St-Clair, 4.
Chevallay-Coquidi, q. de Retz, 9.
Claudé-Chaninel et Ce, r de l'Hôtel-de-Ville, 35.
Clavé, Guix et Menjolat, q. St. Clair, 3.
Cottin, r. Victor-Arnaud, 13.
Combe, r. Romarin, 10.
Cook et Ce de Londres, chez Robert Propach et Ce, q. St-Clair, 3.
Cooper (J. et G.), de Manchester, représentés par Johnson (Thomas Henri, q. St-Clair, 9.
Couturier, r. Romarin, 27.
Court, représenté à Lyon, par Soulary, r. Royale, 8.
Creton et Ce, q. de Retz, 4.
Critopoulo (D. et E.), r. de l'Arbre-Sec, 4.
Crozet, r. Terme, 4.
Dambmann et Ce, r. Lafont, 24.
Demm, q. St-Clair, 12.
Darmezin, r. du Garet, 3.
Darte et Gerbe, r. Pizay, 12.
Defrasse et Dehesdin, r. Désirée, 2.
Deines et Molleron (ancienne maison Bœttinger), q. St-Clair, 7.
De la Fléchère jeune, rue Bât-d'Argent, 11.
Delestang, r. Victor-Arnaud, 7.
Dequinsieux, r. d'Algérie, 12.
Deschamps, Torre et Blanc, rue Royale, 2.
Desprès et Ce, q. de Retz, 8.
Deyme, q. St-Clair. 12.
Dietz, r. Victor-Arnaud, 21.
Diggelmann, pl. Tholozan, 24.
Dilsheimer, r. de l'Arbre-Sec, 18.
Dormeuil frères, r. Lafont, 10.
Drissler et F. Pascal, q. de Retz, 3.
Duchaine et Bailly, r. des Capucins, 3.
Dulon, r. Royale, 4.
Duplat-Reynard et Ce, fabrique de cols-cravates, 4, r. St-Pierre.
Dupont, pl. des Pénitents, 8.

Elliot Cowdin et Ce, r. d'Algérie, 21 et 23.
Ellis, Howell et Ce, q. St-Clair, 1.
Escher et Ce, représentés par Gotth elf (S.) r. Pizay, 14.
Espagnac et Deleuze, r. Puits-Gaillot, 1.
Evesque et Ce, r. Puits-Crillot, 31.
Falaize et C. Patel, r. Vieille-Monnaie, 43.
Faliero (les fils de Stamati), 16, r. de l'Arbre-Sec.
Farcy et Bachelier, r. Lafont, 6.
Félix et Veil, r. Constantine, 9.
Félix frères, r. de Lyon, 2.
Ferlay et Giraud, r. Neuve, 6.
Fléchère (de la), r. Bât-d'Argent, 11
Forestier, pl. des Pénitents-de-la-Croix, 5
Fleury-Delestang, r. Victor-Arnaud.
Fougasse aîné et Ce, r. d'Algérie, 21 et 23.
Franc et Benoît; q. St-Clair, 12.
Francle, r, Bât-d'Argent, 3.
Franklyn et Ce, r. Gentil, 17.
Gagnet et Ce, r. Royale, 12.
Gancel, r. de Lyon, 11.
Ganneval (veuve), Brun et Ce, r. Puits-Gaillot, 3.
Gaisman, r. Lafont, 10.
Garand, r. St-Marcel, 19.
Garcin et Ce, rue de l'Hôtel-de-Ville, 57.
Garcin (L.), pl. des Terreaux, 6.
Garin et Ce, r. Puits-Gaillot, 4.
Garnier et Ce, pl. Croix-Pâquet, 11.
Garnier, pl. Sathonay, 5, et r. St-Marcel, 11.
Gauthier, Zardetti et Muzier, q. St-Clair, 12.
Gavard r. du Griffon, 7.
Gesell, pl. Croix-Pâquet, 2.
Gilles, Andriex et Ce, r. Lafont, 2.
Girerd et Dalmazane, rue du Griffon, 13.
Girerd frères, r. Bât-d'Argent, 3.
Goudchaux et Ce, r. de Lyon, 6.
Goujon, r. Pizay, 14.
Grabit, r. Mulet, 20.
Graetzer et Hermann, q. St-Clair, 3.
Graffeuil, r. de la Bourse, 37.
Greulich et Ce, pl. Tholozan, 23.
Guiliet, r. Désirée, 3.
Guillet, r. des Capucins, 13.
Haden, q. St-Clair, 1.
Hardt et Ce, de New-York, r. Neuve.
Hamburger, Gavard et Ce, pl. Tholozan, 21.
Hartwig, r. Royale, 4.
Hecht, Lillienthal et Ce rue du Garet, 3.
Henking, r. Lafont, 20.
Henneguy et Bissuel, q. de Retz, 8.
Herbez et Bouché, q. St-Clair, 13.
Hervieu et Potard, r. Désirée, 16.
Hess et Ce, pl. Tholozan, 19.
Hoschedé, Blémont et Ce, r. Victor-Arnaud, 13.
Jarosson, r Lafont, 20.
Johnson (Thomas Henri), q. St-Clair, 9.
Jubin, r. Bât-d'Argent, 7.
Jantet, q. de Retz, 9.
Kessler frères, et Ce pl. Tholozan, 24.
Klein, r. Dubois. 44.
Knobloch (V.), q. St-Clair, 2.
Kolp et Sinner, pl. des Pénitents-de la Croix, 3.
Kutter, Luckemeyer et Ce, de New-York, r. de la Bourse, 35.
Lassagne, q. St-Clair, 4.
Lallemand, q. St-Clair, 9.
Lançon, r. Victor Arnaud, 7.
Léaf sons et Ce, gr. r. des Feuillants, 1.
Levi, r. Bât-d'Argent, 4.
Londe, Poirier, Rappin et Ce, q. des Brotteaux, 1.
Lopez, Rondeau et Ce, q. St-Clair, 17
Louvet, q. de Retz, 8.
Mac-Intyre Buchanan et Ce, q. St-Clair, 2.
Macé et Ce, pl. Sathonay, 6.
Maillet, r. des Capucins, 19.
Makower, r. de l'Arbre-Sec, 3.
Malher, représenté par Herbez et Bouché, q. St-Clair, 13.
Malherbes et J. Perrier, r. Lafont, 2.
Marchand et Marchal, q. de Retz, 10
Margaron et Ce, r. St-Pierre, 41.

Marcilhacy, Arbelot et Ce, rue du Berry, 2.
Marix-Picard frères, r. Puits-Gaillot, 9.
Martin, Hübsch et Ce, r. Bât-d'Argent, 6.
Martini, q. St-Clair, 7.
Martignat, r. St-Dominique, 14.
Maniquet, q. St-Clair, 7.
Marthoud et Barcet, pl. St-Clair, 9.
Mas et Ce, pl. Tholozan, 22.
Mayet-Paturle, pl. des Cordeliers, 5
Mayer, pl. des Terreaux, 6.
Michel et Ce, r. Ste-Catherine, 12.
Mignot et Cail, r. des Capucins, 24.
Mill et Ce, r. Lafont, 24.
Milsom, Poy et Ch. Berry, pl. Tholozan, 19.
Moly, r. St-Côme, 8.
Mombrun et Ce, r. d'Algérie, 21.
Momfaure et Ce, 11, r. de l'Arbre-Sec.
Mondon et Ce, r. des Capucins, 31.
Monnin, pl. des Terreaux, 9.
Montessuit et Ce, q. St-Clair, 16 et r. Royale, 33.
Morra, r. Puits-Gaillot, 29.
Morand oncle et neveu, rue Romarin, 1.
Moret et Payen, r. Royale, 29.
Mulet, r. Royale, 23.
Münch et Ce, r. de l'Arbre-Sec, 16.
Mure et Chalaye, r. de Lyon, 9.
Muron et Brunel, pl. Tholozan, 27.
Neuville, Mas et Saunois, rue de Lyon, 4.
Niclot, r. de Berry, 2.
Nœther et Ce, r. Mulet, 18.
Ohrtmann et Ce, représentés par Félix Dargaud, r. Lafond, 8.
Oppé et Ce, q. de Retz, 6.
Ott, Asser et Ce, q. de Retz, 6.
Oudard, pl. Croix-Pâquet, 5.
Palluis fils et Ce, r. d'Algérie, 12.
Pascal et Ce, r. du Plâtre, 1.
Pascal et Gagneur, p. r. des Feuillants, 9.
Patricot et Lecoultre, rue Romarin, 18.
Payen, r. Pizay, 9.
Pèpe, q. de Retz, 10.
Perdrix et Ce, q. de Retz.
Perdrix, pl. St-Nizier, 1.
Pernet, q. St-Clair, 12.
Péronne, représenté par Nicolas, r. des Capucins, 6.
Personnaz, Lamaignière et Garlin, quai St-Clair, 11.
Petit, place des Pénitents de la Croix, 3.
Peyot, r. de l'Hôtel-de-Ville, 5.
Picard (Just.) et Ce, r. Royale, 14.
Picard (S.) jeune, r. Royale, 23.
Picard, pl. des Terreaux, 6.
Povel et Malher, r. d'Algérie, 21 et 23
Pouquet r. Victor-Arnaud, 19.
Prègre aîné et Ce, place des Terreaux, 6.
Prévost et Ce, 45, r. de l'Hôtel-de-Ville.
Propach et Ce, q. St-Clair, 3.
Prouvier, r. Lafont, 18.
Prudhomme, r. Royale, 11.
Quillon et Ce, r. Coustou, 4.
Rajon, pl. Sathonay, 5.
Ramié et Ce, r. du Bât-d'Argent, 18
Rattier et Roche, r. Puits-Gaillot, 4.
Renault, Bussière et Chaussier, rue Constantine, 15.
Reybaud et P. Boucharlat, r. de l'Hôtel-de-Ville, 36.
Ribaud, r. Victor-Arnaud, 19.
Rieu et Accary, r. Centrale, 20.
Robert, pl. Croix-Pâquet, 3.
Robin (Deschamps Torre et Blanc, successeurs), r. Royale, 13.
Rodier, pl. de la Miséricorde, 5.
Rosenthal et Ce, r. Royale, 13 et q. St-Clair, 7.
Roux et Christin Jeune, r. Puits-Gaillot, 1.
Rumpf et Ce, q. St-Clair, 9.
Sandrier, pl. St-Clair, 7.
Sauvage frères, r. de Lyon, 1.
Schadrack, Sacière et Lang, pl. des Pénitents-de-la-Croix, 6.
Schuster, r. de Lyon, 2.
Sichel (A.) et Ce, q. St-Clair, 17.
Simon, r. Romarin, 18.
Sinn, r. de Lyon, 2.

Smith, représenté par Eugène Brugel, r. St-Polycarpe, 10.
Stewart et Ce, r. de la Bourse, 8.
Stewart et Mac Donald, de Glasgow, Robert, Propach et Ce, q. St-Clair, 3
Strieguth et Ce, r. Victor-Arnaud, 3.
Sudan et Michel, r. Bât-d'Argent, 4.
Tabourier, Perreau et Bisson, r. des Capucins, 16.
Talon et Ce, r. Victor-Arnaud, 5 et r. Royale, 6.
The fore street Warehouse company limited, représenté par Blanchot, r. Royale, 2.
Thompson et Pattinson, r. du Bât-d'Argent, 6.
Tissot aîné, r. Désirée, 1.
Trayvous gr. r. des Feuillants, 6.
Tresca et Ce, r. de Lyon, 3
Trévoux frères, r. de l'Hôtel-de-Ville, 34.
Valich fils aîné et Ce, rue d'Algérie, 11.
Valioud, q. St-Clair, 8.
Vermorel, r. Constantine, 14.
Verneau et Ce, r. Victor-Arnaud, 7
Verne, r. de l'Arbre-Sec, 16.
Vernet et Damiron, r. Pizay, 12.
Vogel et Ce, q. de Retz, 1.
Vuillermet et Ce, avenue de Noailles 17, et r. Montbernard.
Warburg et Ce, r. de Lyon, 8.
Wats (S. et J.) et Ce, de Manchester, Robert, Propach et Ce, q. St-Clair, 3
Weydemann, Bouchon et Ce, rue Royale, 5.
Wichelman, (C.) et Ce, rue de la Bourse, 4.

SOCIÉTÉ LYONNAISE DES MAGASINS GÉNÉRAUX

Autorisée par décret impérial du 29 octobre 1859.

Siége de la Société et Direction générale

A LYON, place des Pénitents-de-la-Croix, 4.

Directeur général.

A Lyon, PHILIPPE (V.), ancien négociant, ancien administrateur de la Banque de France (succursale de Saint-Etienne).

Directeurs particuliers.

A Avignon, FABRE (F.), ancien secrétaire de la Chambre de commerce d'Avignon.

A Marseille, LAMBERT (C.), ancien attaché aux services des Messageries maritimes.

COMPAGNIE LYONNAISE

D'ASSURANCES MARITIMES

COMPAGNIE ANONYME LIBRE AU CAPITAL
DE 6.000.000 DE FRANCS

Assurances contre les Risques de Transports Maritimes
Fluviaux et Terrestres

Conseil d'Administration de la Compagnie

MM.

E. AYNARD, de la maison Aynard et Ruffer.

J. CAMBEFORT, de la maison P. Galline et Cie.

M. CHABRIÈRES, de la maison Arlès-Dufour et Cie.

Ph. GERMAIN, Dr du Comptoir d'Escompte de Paris (Agence de Lyon).

MM.

J. GOURD.

S. LILIENTHAL, de la maison Hecht, Lilienthal et Cie.

J. LETOURNEUR, directeur du Crédit lyonnais.

Ch. PAYEN, de la maison L. Payen et Cie.

J.-A. SÉVÈNE, de la maison Sévène et Barral.

Commissaires de Surveillance

Nommés par l'Assemblée générale des Actionnaires

MM. M. GILLIARD, négociant.
VERNET, de la maison veuve Morin-Pons et Morin.

Administrateur Directeur

M. Ch. MOUTIER.

SIÈGE SOCIAL, ADMINISTRATION & DIRECTION
RUE LAFONT, 16

COMPAGNIE

D'ASSURANCES GÉNÉRALES

L'HELVETIA

A SAINT-GALL (Suisse)

Capital social : **dix millions** de francs
Fonds de réserve : **deux millions** de francs

Compagnie anonyme d'assurances contre les risques de transports maritimes, fluviaux et terrestres. Assurances de marchandises, titres, valeurs et espèces.

CONSEIL D'ADMINISTRATION :

MM. C. BAERLOCHER-JACOB, à Saint-Gall, président ;
Louis ROCHAT, administrateur de la Banque de Crédit Suisse-Allemande, à Saint-Gall, vice-président ;
Jean WILD, de la maison Joh. Wild, à Zurich ;
J. KELLER-LAMBERTZ, négociant à Saint-Gall ;
Salomon ZELLWEGER, négociant à Trogen ;
Le colonel Emile de GONZENBACH, de la maison Gonzenbach frères, à Saint-Gall ;
STUDER-HEER, ancien conseiller d'Etat à Bandlikon (Zurich) ;
Le conseiller C. JENNY, de la maison Enderlin et Jenny, à Ziegelbrücke (Glaris).

DIRECTION :

MM. M.-J. GROSSMANN, directeur spécial, à Saint-Gall ;
Albert HABRICHS, sous-directeur, à Saint-Gall.

AGENT GÉNÉRAL A LYON :

M. WILHELM MEURER, 5, quai Saint-Clair.

La Compagnie est représentée

A **New-York,** par M. J. BERTSCHMANN, commissaire d'avaries, 60, Wall street, Post Office Box 418.

MESSAGERIES NATIONALES

Agence des Messageries maritimes de la Compagnie générale transatlantique
ET DU CANAL MARITIME DE SUEZ

7, place des Terreaux, Lyon

DÉPARTS DE MARSEILLE

Lignes de la Méditerranée

Chaque Jeudi à midi pour Naples et Alexandrie.
Le Jeudi de chaque quinzaine (1), à midi, pour Port-Saïd et la Syrie.
Le Vendredi de chaque quinzaine (2), à midi, pour Palerme, Syra, Smyrne et la Syrie.
Le Samedi de chaque quinzaine (3), à 5 h. du soir, pour Syra et Smyrne.
Chaque Samedi, à 5 h. du soir, pour le Pirée, la Thessalie, Constantinople, le Danube et la mer Noire.
Chaque Samedi, à 5 h. du soir, pour Alger.

Lignes de l'Indo-Chine

Chaque quinzaine (4), le Dimanche à 10 h. du matin, pour les Indes-Néerlandaises, les Philippines, la Cochinchine, la Chine et le Japon.
Tous les 28 jours (5), le Dimanche à 10 h. du matin, pour Pondichéry, Madras et Calcutta.
Tous les 28 jours (6), le Dimanche à 10 h. du matin, pour Maurice et la Réunion.

DÉPARTS DE BORDEAUX

Lignes du Brésil

Les 5 et 20 de chaque mois pour Lisbonne, Dakar, Rio-Janeiro, Montevideo et Buenosayres.
Le 20 de chaque mois, pour Pernambuco et Bahia.

L'Agence délivre des *billets de passage* et des *connaissements directs* pour *toutes ces lignes*, ainsi que pour celles des Etats-Unis, des Antilles, du Mexique, de l'Amérique-Centrale, du Sud et Nord, Pacifique, desservies par la Compagnie générale transatlantique.

Les Messageries nationales acceptent les transports internationaux par voie ferrée, vapeurs et voiliers, ainsi que les expéditions pour toute la France.

---

(1) *A partir du Lundi* 30 *Janvier*.
(2) » *Vendredi* 24 *Janvier*.
(3) » *Samedi* 1er *Février*.
(4) » *Dimanche* 2 *Février*.
(5) » *Dimanche* 2 *Février*.
(6) » *Dimanche* 16 *Février*.

Tarif des prix de passage.

De Marseille à :		1re Classe.	2e Classe.	3e Classe.
		—	—	—
Aden	fr.	1000	750	450
Mahé		1875	1405	845
La Réunion		2000	1500	900
Maurice		2000	1500	900
Pointe de Galles		1500	1125	675
Pondichéry		1500	1125	675
Madras		1500	1125	675
Calcutta		1625	1220	730
Singapore		1875	1405	845
Batavia		2125	1595	955
Saïgon		2000	1500	900
Hong-Kong		2125	1595	955
Shanghaï		2375	1780	1070
Yokohama		2375	1780	1070

Ces prix comprennent la nourriture pour les passagers des 3 classes. — Les enfants de 3 à 10 ans paient demi-place. Au-dessus de 10 ans, ils paient place entière.

Tarif des marchandises.

Frét par mètre cube ou par 500 kil.

De Marseille à :	1re Classe.	2e Classe.
	—	—
Aden, Pointe-de-Galles, Pondichéry, Madras, Calcutta, Singapore, Saïgon, Hong-Kong et Shanghaï ... fr.	120	80
Mahé, La Réunion, Maurice et Batavia	200	125
Nagasaki et Yokohama	200	130
Hiogo, Manille Penang, Samarang et Sourabaya	225	150

Nota. — *Les soies et tissus de soie font partie de la 1re classe.*

Tarif des espèces et valeurs.

De Marseille à :	au-dessous de 25,000 fr. — Espèces.	au-dessus de 25,000 fr. — Espèces.
	—	—
Pointe-de-Galles, Pondichéry et Calcutta.	3/4 0/0	1/2 0/0
Saïgon, Hong-Kong et Shanghaï	1 0/0	3/4 0/0
Nagasaki et Yokohama	1 1/2 0/0	1 0/0

Nota. — *Le frét est payable d'avance pour toutes les expéditions de marchandises ou de valeurs à destination des ports de l'Indo-Chine.*

Il n'est pas signé de connaissements pour un frét inférieur à 25 fr.

Tarif des petits colis et échantillons.

au poids ou en décimètres cubes.

De Marseille aux stations ci-contre.		Pointe-de-Galles, Pondichéry, Calcutta.	Saïgon, Hong-Kong, Shanghaï, Yokohama.
colis.	déc. c.	fr.	fr.
Au-dessous de 3 kil.	ou de 6 »	5	7
De 3 à 4 kil.	ou de 6 à 8 »	6	8
4 à 5 »	8 à 10 »	7	9
5 à 7 »	10 à 15 »	8	11
7 à 10 »	15 à 20 »	9	13
10 à 12 »	20 à 25 »	10	15
12 à 15 »	25 à 30 »	11	17
15 à 20 »	30 à 40 »	13	21
20 à 25 »	40 à 50 »	15	25
25 à 30 »	50 à 60 »	17	29
30 à 35 »	60 à 70 »	19	33
35 à 40 »	70 à 80 »	21	37
40 à 45 »	80 à 90 »	23	41
45 à 50 »	90 à 100 »	25	45

Assurances.

Tableau des primes par cent francs.

De Marseille à :	Marchandises.	Valeurs.
Pointe-de-Galles............................	» 70	» 45
Pondichéry, Calcutta, Saïgon...............	1 »	» 75
Hong-Kong, Shanghaï, le Japon...........	1.25	» 75

COMPAGNIE
PÉNINSULAIRE ET ORIENTALE
DE NAVIGATION A VAPEUR

Siége social : à Londres, 122, Leadenhall street

Agents de la Compagnie en France

PARIS............... G.-S. PRITCHARD, 4, rue Rossini.
MARSEILLE........ ESTRINE et Cie.
LYON............... ARLÈS-DUFOUR et Cie.
BORDEAUX......... FAURE frères.
HAVRE............. MARCEL et Cie.
BOULOGNE......... LEBEAU et Cie.

La Compagnie prend les passagers et reçoit les marchandises par ses vapeurs, pour

	de Southampton	*de Venise (touch. à Ancône)*	*de Brindisi*
Gibraltar........ *Malte*...........	Tous les jeudis à 2 h. soir.	—	—
Alexandrie..... *Aden*........... *Bombay*........	Tous les jeudis à 2 h. soir.	Tous les vendredis matins.	Tous les lundis à 5 h. matin.
Pointe-de-Galles *Madras*......... *Calcutta*........ *Penang*.........	Jeudis 13 et 27 février à 2 h. soir et alternativement tous les deux jeudis	Vendredis matins, 21 février et 7 mars, et alternativement tous les deux jeudis.	Lundis 24 février et 10 mars à 5 h. du matin et alternativement tous les deux lundis.
Singapore...... *La Chine*....... *Le Japon*.......	Id.	Id.	Id.
L'Australie..... *La Nlle-Zélande.* *(Marchandises seulement.)*	Jeudis 13 février et 13 mars, alternativement tous les quatre jeudis.	Vendredis matins, 21 février et 21 mars et alternativement tous les quatre vendredis.	Lundis 24 février et 24 mars à 5 h. du matin et alternativement tous les quatre lundis.

Prix réduits pour les voyageurs repartant dans les 6 ou 12 mois de leur arrivée.

Billets directs (viâ Bombay) pour les principales stations de chemin de fer des Indes, et billets directs pour Venise et Brindisi aux bureaux de la Compagnie, à Londres.

Pour toutes les informations sur les tarifs de passage et de frêts, s'adresser à *Londres*, 122, *Leadenhall St.*, *ou à Southampton, Oriental Place.*

Service postal pour l'envoi de petits colis aux Indes.

(Indian Parcel Post.)

La Compagnie reçoit maintenant des colis pour tout bureau de poste aux Indes au prix uniforme de 1 sh. 4 d. par livre anglaise, comprenant les frais de Londres à destination.

Les colis doivent être remis aux bureaux à Londres, 122, Leadenhall St., avec lettres d'avis et déclarations du contenu et de la valeur, en indiquant sur l'adresse que l'envoi est à faire par *Indian parcel post.*

Les colis ne doivent pas peser plus de 50 livres anglaises, ni mesurer plus de 2 pieds × 1 p. × 1 p., ni être d'une valeur de plus de 20 livres sterling. — Ils ne doivent contenir ni bijoux, ni montres, ni pierres précieuses, ni lettres.

On ne recevra aucun liquide, ni aucune marchandise d'une nature fragile ou dangereuse.

La Compagnie se charge d'effectuer l'assurance maritime sur demande spéciale, au taux de 2 sh. 9 d. jusqu'à 10 livres sterling et 5 sh. 3 d. jusqu'à 20 livres, payable d'avance.

COMMERCE & INDUSTRIE DE LYON

SE RATTACHANT A LA FABRIQUE

Assurances Maritimes.

COMPAGNIE LYONNAISE d'assurances maritimes, siége social, rue Lafont, 16.

L'HELVETIA, compagnie d'assurances générales, à Saint-Gall (Suisse), bureau à Lyon, quai Saint-Clair, 5.

Caoutchouc pour usines.

JUBIÉ (Ant.), rue de Lyon, 87. Fabrique de caoutchouc souple et durci pour usines, filatures et moulinages. — Gros et Détail. — Rue de Lyon, 87, près Bellecour.

Cartes géographiques.

THIBAUDIER et BOIN, rue de l'Hôtel-de-Ville, 94. Cartes du dépôt de la guerre. Propriétaire éditeur de la carte du département du Rhône, par Rombiélinski. Cartes et Atlas publiés par la maison Justus Perthes, de Gotha. Dépôt des cartes Andriveau-Goujon. Globes terrestres et célestes.

Châles (raccommodage de).

TISSOT (Mme), rue du Plat, 16. Spécialité pour le recrochetage et la réapplication des cachemires de l'Inde, changement de fond, mise en carré des châles longs, utilise les vieux châles démodés pour la confection du burnous. Fournisseurs de fonds et de franges en tous genres. Dégraissage et ravivage des couleurs.

Chefs de têtes de pièces.

Th. LYONS, rue Terraille, 22, Lyon. Dorures sur étoffes, chefs de têtes de pièces pour soieries et velours. Médailles d'argent et de bronze à l'Exposition de Lyon, 1872.

Aux marques de fabrique, L. PUIGSECH et Ce, rue Terraille, 18, Lyon. Dorures sur étoffes.

Ingénieurs.

LÉPINETTE et RABILLOUD, rue de Sèze, 42. Cabinet fondé en 1856. Installation complète d'usines sur plans et devis exacts. Amélioration de matériels existants et spécialement des machines motrices. Applications diverses de la vapeur, comme force motrice, chauffage, séchage, etc. Renseignements pour la construction ou l'achat des machines industrielles et en général sur toute question mécanique. Etude pratique et recherches sur les inventions. Etude spéciale des chutes d'eau et de leur meilleure utilisation.

Mécaniciens pour la fabrique

BERTEAUX (J.) et Ce, rue Désirée, 6 et usine à vapeur rue de Vendôme, 132, Lyon-Brotteaux. Ingénieurs-mécaniciens, construction d'usines pour filatures, moulinages et essai des soies, fabrique spéciale de métiers mécaniques pour tissage et en général pour tout ce qui se rattache à l'industrie séricole; expédition pour tout pays. Médailles à Lyon, 1867, à Paris, 1867, à Lyon, 1872.

BURDET et Ce, rue Désirée, 17. Onze récompenses, Exposition de Lyon 1872. Membre du jury hors concours. Construction d'usines filatures et moulinages.

BUFFAUD frères, à Lyon. Médaille d'or Lyon 1872, nouvelles machines verticales transportables de 1 à 15 chevaux, à chaudières Field, etc.

Papetiers spéciaux pour la fabrique.

CHANAL, GAGNIEUR et PIÉROUX, rue Lafont 18 et rue du Garet, 9. Dépôt des manufactures de papiers d'Angoulême, spécialité de papiers cartons pour la soieries.

CHAVENT (veuve), place Croix-Pâquet, 2 et 3. Spécialité de papiers pour la soierie, fournitures de bureaux, fabrique de registres, barêmes et tableaux à l'usage de la soierie.

Librairie et papeterie militaires.

BONNAIRE, rue Gasparin, 23, près la place Bellecour. Lyon. Fournitures pour bureaux et administration. *Guide du Fourrier*, par Beaugé, chef de bataillon au 43e de ligne. Théories diverses. Livrets pour officiers, sous-officiers et caporaux, comptabilité pour capitaines-trésoriers et officiers payeurs de tous les corps. Cartes géographiques du dépôt de la guerre.

DÉPARTEMENTS

Ain

Moyenne de la mise à éclosion : 3.000 onces.
Culture du mûrier : de 55 à 65 hectares.
Produit moyen en cocons : de 60 à 70.000 kilos.
Observation. — Le produit des cocons va toujours en diminuant.

Filateurs.

Arloz (le comte d'), à Cézeirieux.
Banse et Guimont, Tenay.
Sibuet et Ce, Chaley.
Warnery et Morlot, Argis et Tenay.

Filateurs et cardeurs de déchets.

Banse et Guimont, Tenay.
Baudin, Dortan.
Dupont, St-Rambert.
Franc père fils et Martelin, Saint-Rambert.
Sibuet et Ce, Chaley.

Moulinier.

Bressac et Ce, St-Rambert.

Soie à coudre (fab.).

Monnet et Bazin, Vaux.

Teinturier.

Grobon, Miribel.

Tissage de soie.

Bonnet (les petits fils de C.-J.) à Jujurieux.
Buridon, Martignat.
Picquet, Groissiat.
Pansut, Bellignat.
Pattez, Martignat.
Sobre et Bertrand, Jujurieux.

Aisne

Marchands de soie.

Comont-Colinet, St-Quentin.
Debionne, St-Quentin.
Delvigne (H.), St-Quentin.
Morel, St-Quentin.

Fabr. de soie à coudre.

Mézières, de Paris, Vauxbain.
Pasquier et Picard, de Paris, Vauxbain

Alpes (Basses)

Mûriers : 50 hectares environ.
Récolte de 1861 : 50.845 kilos produits par 1.224 onces.

Filateurs.

Moyrand, à Sisteron. — Robert, à Manosque.

Alpes (Hautes)

La récolte en cocons s'est élevée dans ce département en
1869 à 17.900 kilos
1870 à 18.062 »
1871 à 30.225 »

Déchets.

Chancel frères, à Briançon.

Alpes-Maritimes

Production à peu près égale à celle des Basses-Alpes.

Filateurs.

Balestre, Nice.
Cavalier fils, Grasse.
Chauve, Grasse.
Olivier frères, Nice.

Ardèche

Avant la maladie, ce département récoltait de 3 millions à 3.200.000 kilos de cocons produits par environ 130.000 onces de graines.

D'après la récolte faite en 1859 de 1.342.000 kilos
1867 de 2.180.000 »
1871 de 1.670.000 »

Condition des soies.

Privas, directeur M. Bordaz.
Aubenas, directeur M. Mongenot.

Filateurs et mouliniers.

Aurenche, St-Fortunat.
Avon, Chomérac.
Barrès frères, St-Julien-en-St-Alban.
Béchetel, Annonay.
Béchetoile (L et frères), Annonay.
Bérard, Chomérac.
Berchon fils, Flaviac.
Bertrand, Coux.
Blanchon (veuve B.), Flaviac,
Blachier frères, Annonay.
Blanchon (L.), St-Julien-en-St-Alban.
Borne, Aps.
Bourret et de Micheaux, Privas.
Boutier, Chomérac.
Bruneau, Largentière.
Chabert, Chomérac.
Clauzel frères, St-Julien-en-St-Alban.
Champanhet frères, Vals.
Chenet, Villevocance.
Colomb d'Aldebert, Privas.
Coulet jeune, Gluiras,
Delubac, Vals.
Durand frères, Flaviac.
Forestier, Joyeuse et Laurac.
Fougeirol, Ollières.

Fuzier, St-Julien-en-St-Alban.
Galimard père et fils, Vals.
Gouy (C.), Vals.
Manifassier et Duglou, au Pouzin.
Marmey, Charmes.
Micheaux (de), Flaviac.
Ollier et de Rocher, Aubenas.
Palluat et Testenoire, Largentière.
Pélegrin, St-Marcel-d'Ardèche.
Perbost (A), Largentière.
Perbost (J.), Largentière.
Roche fils, Jaujac.
Sautel, aux Vans et à Largentière.
Tarandon, Jaujac.
Terrasse, Chomérac.
Trapier, Boulieu.
Trapier, Chomérac.
Vernède frères, Joyeuse.

Filateurs.

Astier, le Pouzin.
Balayn, St-Victor.
Bayle fils, St-Sauveur-de-Montagut.
Bertoye frères, Villeneuve de Berg.
Blachier, Largentière.
Borne, le Teil.
Bouvet, St-Félicien.
Bouvier, St-Symphorien-d'Ozon.
Caillat et Bossat, Tournon.
Changéa, la Mastre.
Chapelle père et fils, Tournon.
Chareyre, St-Fortunat.
Courbassier, le Pouzin,
Duclos-Monteil, les Vans.
Dugrèves, la Mastre.
Faure, Alissas.
Fayol frères, la Voulte.
Félix frerès, Brune.
Fraissinet-Bruneau. les Vans.
Girard, Bourg-St-Andéol.
Giraud (H.), St-Andéol et Marcols.
Guyon, St-Andéol et Marcols.
Jacquin, Viviers.
Junique, St-Victor.
Marchier (Mlle), Chomérac.
Martin-Méjean, les Vans.
Odillon-Barrot, les Vans.
Otternaud, la Mastre.
Penot et Laplanche, Joyeuse.
Raynaud-Bruno, Chandolas,
Rey (mère et fils), Brune.
Robert, Serrières.
Sautel, les Vans.
Tulli, le Pouzin.
Vacher, Viviers.
Vielfaure, Vernon.
Villedieu, le Scipioné.

Mouliniers.

Arnaud-Coste, Privas.
Arzalier et Bruneau, Rochers.
Andouard, Rochemaure.
Avias frères, Veyrière.
Balazuc, Flaviac.
Bastide, Largentière.
Bauthéac, Alissas.
Benoît, St-Priest.
Bernard-Dupré, Aps.
Bertaud, Meysse.
Bertrand (J), le Teil.
Blachère, Antraigue.
Bonhomme, Cruas.
Bouchon, Dornas.
Bourret (C.).
Bourret (H. et Ce), Issamoulenc.
Breton, Privas.
Bruneau-Dubois, Joyeuse.
Burzet, Burzet.
Caillet fils, Vocance.
Carle et Manen, Ste-Croix,
Chabannes, Pont-de-la-Baume.
Chadeysson, St-Etienne-de-Fontbellon.
Chamband, Chomérac.
Chambon, Ste-Croix.
Chambon (L.), le Cheylard.
Champestève (F.), le Teil.
Chanaleilles, Joyeuse.
Chanaleilles (J.), Burzet.
Chapot et Roché, Privas.
Chasson frères, St-Privat.
Chastan, Aubenas.
Chatagnier, Lenteillière.
Clauzel (L.), St-Julien-en-St-Alban.
Combier père et fils, Aubenas.
Comte fils, Chavannes.
Comte (P.), Ucel.
Conrieu, Ucel.
Corsat, Serrières.
Cotta, Marcols.
Coulet, Marcols.

Court (A.), Burzet.
Court (G.), Burzet.
Cuchet père et fils, Aubenas.
Delairol, la Bégude.
Deleyrolles fils, les Vans.
Dejoux (Z.). Marcols.
De Montès, Privas.
De Montès Dupré, St-Pons.
Deydier et fils, Aubenas.
Discours, St Etienne-de-Fontbellon.
Doux, St-Michel-de-Boulogne.
Dufour, Vals.
Duglois, Chomérac.
Dumas (C.), St-Privat.
Dumas (E.), St-Etienne-de-Fontbellon.
Dumas (veuve), Privas.
Dumas frères, St-Etienne-de-Fonbellon.
Dumas-Régis, St Étienne-de-Fontbellon.
Duplan, Ucel.
Durand, le Pont-de-Duzon.
Durand (P.)Privas.
Durand aîné, Jaujac.
Durand cadet, Jaujac.
Durand-Reymond, Largentière.
Escoffier, Vanosc.
Faure, Antraigues.
Fauré, Gluiras.
Fougérol aîné, Privas.
Fourniol père et fils, Privas.
Fourniol (J.-P.), Coux.
Fuzier, St-Julien-du-Gua.
Gamet, Flaviac.
Garilhe, Antraignes.
Gat, Rochesauve.
Gayte, Privas.
Giffon, Marcols.
Gimond père et fils, Vogué.
Gimond, le Cheylard.
Giraud (J.), Marcols.
Giraud (L.), Privas.
Glaizal (E.), Vanosc.
Glaizal (F.), Vanosc.
Gouy (F.), Aubenas.
Gouy (C.), Vals.
Giveru, Privas.
Hébrard, Rochessauve.
Hellsdthab, Chomérac.
Helme, St-Sauveur-de-Montagut.
Issartel, Joannas.
Jaussen. Vals.
Joannard, le Cheylard.
Juston, Vernoux.
Lablache, St-Etienne-de-Fontbellon.
Ladrey aîné, le Cheylard.
Ladrey père, le Cheylard.
Lafayolle-Giraud, Marcols.
Lafont, Montpezat.
Lafont (L.), le Cheylard.
Lafont (P.), le Cheylard.
Leynaud, Aubenas.
Loine, Privas.
Martaresche, Antraigues.
Martin, Dornas.
Martin, le Cheylard.
Martinesche, Chassiers.
Marze (A.), Saint-Pierreville.
Marze (L.), St-Pierreville.
Mathieu, St-Julien-du-Gua.
Mazon, St-Michel-de-Boulogne.
Menu, la Chapelle.
Micheaux (de) (G.), Privas.
Mignot frères, Annonay.
Molle (A.), Pont-d'Aubenas.
Morel, Marcols.
Moulines, Vals.
Mounier (veuve), Suras.
Moyère, Dornas.
Muren, Jaujac.
Paillon, Pont-de-la-Baume.
Palix, St-Sauveur-de-Montagut.
Père, Pont-d'Aubenas.
Perméant, Privas.
Perge, Roubreau.
Peyronnet, Dornas.
Plantevin (Ch.), Burzet.
Plantevin aîné, Veyrières.
Plantevin (F.), Aulayères.
Poumaret, St-Julien-du-Gua.
Pradal, Aubenas.
Prunaret, Mayres.
Racajel fils, Antraigues.
Raphanel, Nicigles.
Reynaud, St-Symphorien-d'Ozon.
Ribos, Beaumont.
Ricard (G.), le Crouzet.
Riou, Marcols.

Roche (A.), Jaujac.
Roche (R.), Pont-d'Aubenas.
Rochier, Aubenas.
Roger (H.), Ste-Croix.
Rourin fils, St-Etienne-de-Serres.
Sabatier, Dornas.
Salomon (L.), Marcols.
Salomon (S.-P.), Marcols.
Sautel, au Prat.
Serret, St-Etienne-de-Fontbellon.
Seston, Vernoux.
Sevénier, les Vans.
Soboul, Uzèr.
Soubeyrand, Chassiers.
Souche, Neyrac.
Stéoul, Flaviac.
Tailhand, Montpezat.
Tailhand (H.), Aubenas.
Tarandon (A.), Jaujac.
Terrier, Pranles.
Tinland, St-Etienne-de-Serres.
Tourrette (A.), Aubenas.
Tourvieille, le Chambon.
Verger, St-Lager-Bressac.
Vernet, St-Pons.
Verny, Aubenas.
Veyreusse, St-Pierreville.
Villars, Vals.
Vieu, Privas.
Vincent, Montpezat.
Vincent (H.), Aubenas.
Vincent (H.), Privas.
Vincent, le Teil.
Vincent fils, Largentière

DIVERS.

Commissionnaires en soie.

Chambordon, St-Fortunat.
Eudil, Vallon.
Gache, Largentière.
Guillermon, Privas.
Massot, Vallon.
Volle, Vallon.

Fabricant de cordonnet.

Girard et Cᵉ, St-Julien-en-St-Alban.

Tissage d'étoffes.

Bérenger, étoffes de soie, St-Marcel-d'Ardèche.
Boissin, étoffes de soie, St-Marcel-d'Ardèche.
Bozini, foulards, Tournon.
Jacob, foulards, St-Jean-de-Muzols.
Rabatel et Cᵉ, étoffes de soie, Limoney.
Saniol, foulards, Tournon.

Aube

Marchand de soie, Hoppenot, à Troyes.

Aude

Avant 1857, ce département mettait à l'éclosion environ 800 onces et avait une production de cocons d'environ 20.000 kilos. Par suite de la maladie et de l'extension de la culture de la vigne, cette production a considérablement diminué. Aujourd'hui elle est presque insignifiante.

Bouches-du-Rhône

La production que donnent les diverses statistiques sont généralement très-exagérées pour ce département.

La vérité la voici :

En 1840 ce département récoltait 360.000 kilos de cocons environ.

En 1850, cette production a atteint 400.000 kilos.

En 1864, par suite de la maladie, elle n'était plus que de 100.000 kilos.

Depuis cette époque une amélioration lente et progressive s'est produite. Aujourd'hui on peut estimer la récolte de ce département de 200 à 250.000 kilog. de cocons.

Arrivages des cocons secs étrangers sur la place de Marseille de 1860 à 1872 :

1860	kil.	812.000	d'août à fin septembre.
1861	»	540.000	»
1862	»	545.000	»
1863	»	596.000	»
1864	»	371.000	»
1865	»	477.000	»
1866	»	424.000	»
1867	»	532.000	»
1868	»	907.000	»
1869	»	607.000	»
1870	»	387.000	»
1871	»	1.059.000	»
1872	»	665.000	»

Marseille

Courtiers inscrits.

Lassave (A.), r. Sylvabelle, 26.
Riboulet, c. du Chapitre, 19.
Allard, c. Pierre-Puget, 58.
Rambaud, r. St-Basile, 2.
Roustan, r. Dragon, 31.

Courtiers non inscrits.

Moullard, r. de la République, 19.
Séon (A.), r. Grignan, 76.
Vigouroux, allées des Capucines, 30.
Leroux, Gde-Rue. 57.
Giraud (J.), r. Consolat, 158.

Négociants et commissionnaires en Soies et cocons.

Arzcïan, r. Monteau.
Anthouard et Ce, p. St-Ferréol, 9.
Arlès-Dufour et Ce, p. Paradis, 7.
Armand (Ch.), c. Pierre-Puget, 10.
Baux et E. Fraissinet, r. Vacon, 60.
Blanchard, successeur de Benoit Miroglio et Ce, r. St-Jacques, 34.
* Chehiantz et fils, r. St-Ferréol, 2.
Debourg, r. Breteuil, 102.
Delon et Ce, r. Grignan, 52.
Desgrand (L.) et Ce, r. Montgrand, 14.
Dobler, r. Breteuil, 20.
Ferrieu (J.-S.), r. Sainte, 44.
* Grandjounsoff et fils, r. Breteuil, 19.
Gibily et Voisin, r. d'Arcole, 6.
Gimmig frères et fils de Piot le jeune, r. Sylvabelle, 54.
Giraud frères, r. Sainte, 42.
La Nicca (R.) et Ce, r. Grignan, 56.

Nota. — Les noms marqués d'un * ne font que l'importation des soies et cocons.

Laroche, r. Breteuil. 43.
Mazade (A.), r. Montgrand, 56.
Mazel (A.), r. République, 17.
Modiano (S. et A.) et Ce, r. St-Jacques. 29.
Molines et Ce, c. Pierre-Puget, 52.
Morand (A.) et Ce, r, Grignan, 42.
Mourgue d'Algue et fils r, Estelle, 3.
Pila (Ulysse) et Ce, r. Montgrand, 20.
* Nicolaides, c. Pierre-Puget.
Racine et fils, r. Breteuil, 30.
* Ralli, Schillizi et Argenti, allées des Capucines.
Revol, c. Pierre-Puget.
Rosemburger frères et Ce, b. Notre-Dame, 11.
* Roux et Fraissinet et Ce, r. Montgrand, 59.
Salavy et Ce, r. Armény, 23.
Silhol (J.), c. Pierre-Puget.
Sonchon (L.) et Ce, b. Notre-Dame, 15.
Stocker, Goldschmidt et Ce, r. Montgrand, 50.

Filateurs.

Coren (A.) aîné et fils, Salon.
Coren jeune, Salon.
Daumas, Pélissanne.
Escoffier, Senas.
Gabriac frères, Mouriès.
Jauffret père et fils, Gardanne.
Laffont fils, Tarascon.
Reynaud, Pélissanne.
Reynaud frères, Pélissanne.
Rousseau fils, Tarascon.
Turin père et fils, Salon.

Mouliniers.

Audoard (J.), Cabannes.
Brun (P.), Eyragues.
Catelan, Graveson.
Chabert aîné, Graveson.
Escoffier, Cabannes.
Mercurin, Graveson.
Pascal frères, Cabannes.
Vallon, Eyragues.
Vincent frères, Barbentane.

Calvados

Marchands de soie.

CAEN

Colas (J.-B. et fils), maison au Puy (Haute-Loire) et à Grammont (Belgique).
Duval (Aug.).
Drouet et Ce, maison au Puy (Haute-Loire) et à Grammont (Belgique).

Corse

Dès le XVIe siècle on récoltait des cocons dans ce département. Depuis cette époque la sériculture a subi des fortunes diverses mais elle semble aujourd'hui y prendre de grands développements. La production peut-être évaluée à 10.000 kilos environ.

Drôme

Avant l'épidémie ce département récoltait de 4 à 4.500.000 kilog. de cocons ; en 1856 et 1857 ce chiffre était réduit de trois quart, années pendant lesquelles l'once de graine ne rendit pas en moyenne 7 kilos.

La récolte de 1859 atteignit 2.100.000 k. ; celle de 1869 2.995.000 k.

Chambre consultative des Arts et manufactures.

Valence, président, M. Lambert.

Condition des soies.

Valence, directeur, M. d'Audemar.

Filateurs et mouliniers.

Alyre-Boubon, St-Laurent-en-Royans.
Armandy frères, Grignan et Taulignan.
Baboin, St-Vallier.
Bérard, Loriol.
Bérard (H.), Chateauneuf-de-Mazenc.
Blanc (V.), Mirmande.
Borne (G.), Valence.
Boudon, Mollans.
Bouillier et Ce, Bérenger et Saulce.
Brousse (Palluat et Testenoire), Saillans.
Brunet et Viel, Crest.
Buix, Mirabel les Baronnies.
Chartron père et fils, St-Vallier et St-Donat.
Combier frères, Livron.
Combier-Blanchon, Livron.
Cotte (Tiburce), Clérieux.
Courthial et Lafayolle-Giraud, Valence.
Denis cadet, Livron.
Dumas, Loriol.
Dumollard, St-Vallier.
Durand (E.), Granne.
Feugier père et fils, St-Donat.
Format-Argaud, Granne.
Fougérol (A.), Loriol.
Helme, aux Sablons.
Gaillard fils, Romans.
Gauthier (F.), Nyons.
Gauthier (R.), Romans et Châtillon-St-Jean.
Goyard, Loriol.
Jammes, St-Jean-en-Royans.
Lacroix, Montboucher.
Lafont (Palluat et Testenoire), Montclard.
Lascour, Crest.
Lavy, Saulce.
Léouzon, Loriol.
Leydier (L.), Buis-les-Baronnies.
Lombard, la Garde-d'Ahémar.
Mazade frères, le Grand-Serre.
Palluat et Testenoire, St-Jean-en-Royans.
Pinet (veuve) et fils, Romans.
Raud, Chabrillan.
Répelin, Chaix et Ce, Loriol.
Reymond-Lambert, Bourg-du-Péage.
Séruselat (L.), Etoile.
Tardy, Clérieux.
Terrasse, Loriol.
Verdet, Buis-les-Baronnies.
Vertupier-Colombier, Divajeu.
Viel (J.) et Ce, Nyons.
Villard et Bocoup fils, St-Vallier.

Filateurs.

Albert, Montmeyran.
Arnoux, Montmeyran.
Autran aîné, Montélimart.
Bérard (F.), Buis-les-Baronnies.
Bernard (V.), Chabeuil.
Bressac, St-Martin.
Brotte, Etoile.
Brun, St-Paul-Trois-Châteaux.
Calvier, Sauzet.
Chapelle père et fils, Tain.
Chareyron, Ancône.
Chierpe, Tain.

Chuvin père et fils, Suze-la-Rousse.
Colombon, Allan.
Constant (O.), Loriol.
Coste, Clions-Usclat.
Culty, Sauzet.
Delon frères, St-Jean-en-Royans.
Demicheaux (F.), Loriol.
Ducros (veuve), Beaumont-les-Valence.
Duglou, la Coucourde et Lachamp-Condillac.
Dumas, Romans.
Durand, Montségur.
Estival, Livron.
Eymieu, Pierrelatte.
Gauthier (V.), Donzère.
Genty, Livron.
Gilliard, Beaumont-lès-Valence.
Granjon et Joubert, Beaufort-sur-Gervanne.
Henry, Valence.
Jaucel, Montmeyran.
La Lombardière (de), Montmeyran.
Magnanon, Montélimar.
Marchand père et fils, Livron.
Martin, Bouvante.
Mourin, Montélimar.
Ordre des trapistines, Alais.
Oriol, Livron.
Parady, la Touche.
Perrier et Roussille, Saulce.
Peyron et Soubeyran frères, Montélimar.
Rochas, la Bâtie-Rolland.
Rochas (A.), Montélimar.
Rodet (A.), Saulce.
Roux et Fraissinet, Rosier.
Sayn, aux Robins, près Etoile.
Sisteron, Pierrelatte.
Urel père, Tain.
Urdy (veuve), Cléon d'Andran.
Vacher, Alixan.
Vallayer (veuve), Beaumont-lès-Valence.
Vey.anne, Beaumont-lès-Valence.
Viard, la Roche-de-Glun.
Viel, Montboucher.
Vincent, Donzère.

Mouliniers.

Aubert, Taulignan.
Avont, Reys-de-Saulce.
Barathier, Crest.
Bérard, Mirmande.
Bernard (veuve), Mirmande.
Bérenger, Chamaret.
Bertrand, Nyons.
Besson, Marsanne.
Bessy, Granne.
Blanc (C.), Saillans.
Bongard, Colonzelle.
Bouvier (M.), Die et Saillans.
Breysse, Beaumont-lès-Valence.
Catals et Vincent, Mirabel et Blacons.
Cayranne, Taulignan.
Chaise, St-Jean-en-Royans.
Champestève frères, Montélimar.
Champron, Romans.
Charbonnier, Romans.
Chastan, Dieulefit.
Colomb, Nyons.
Comte, Savasse.
Cornud, Montélimar.
Craponne, Bourdeaux.
Croizat, Mirmande.
Dailhe (M.), Taulignan.
Daubois, Poët-Laval.
Dianoux, Mirmande.
Dumazy, Romans.
Duseigneur (E.), Dieulefit.
Estran, Mirmande.
Estrand, Mirabel et Blacons.
Faujas, Taulignan.
Giujon, Tulette.
Grégoire, Faventine.
Guillon, Baurdeaux.
Helly, Margerie.
Helme, Crest.
Hiltebrand père, Romans.
Issartel, les Faucons, près Chabreuil.
Jurus, Allex.
Lacoste (de) et Noyer, Montélimar.
Lauche, Mirmande.
Laurent, St-Nazaire-en-Royans.
Lemoine, Mirabel-les-Baronnies.
Malleval, Valence.

Martin, Chamaret,
Mazet, Loriol.
Mégissier, Chamaret.
Meyssonnier, Loriol.
Michaud, le Roche-sur-Granne.
Monestier et Ce, Tulette.
Noyer frères, Dieulefit.
Orphelinat de Recoubeau.
Penet, St-Donat.
Perrier, Charmes.
Pignet, Châteauneuf-de-Mazenc.
Putillon, Taulignan.
Poujoulat, Taulignan.
Prudent, Dieulefit.
Rey, Beaufort-sur-Gervanne.
Rey, Crest.
Rey, Aouste.
Richard, Taulignan.
Rochegude, Poët-Laval.
Rollet, St-Martin-le-Colonel.
Romangalle, Mirabel et Blacons.
Romangalle, le Berthalais.
Romangalle fils, Ste-Croix.
Roux, Tulette.
Sambuc (A.), Dieulefit.
Sambuc (P.), Dieulefit.
Sapin, Mirmande.
Sorel, Eygaliers, près le Buis.
Servant, Dieu-le-Fit.
Sibeud frères, Romans.
Soubeyran (A.), Dieulefit.
Tillard, Divajeu.
Vachon, Montélimar.
Vécière, Grand-Serre.
Veyranne, Mirabel-les-Baronnies.
Villedieu fils et cousins, Montélimar.
Vincent fils, Mirmande.

DIVERS.

Commissionnaires.

Allignol, déchets, Montélimar.
Arlès-Dufour, déchets, Valence.
Barthélemy, soies, Montélimar.
Barthélemy, soies, St-Paul-Trois-Châteaux.
Champestève (H.), soies, Montélimar.
Chaze, soies, Montélimar.
Durand et Lacroix, soies, Valence.
Dumazy, soies, Romans.
Faure (F.), soies, Crest.
Franquebalme et fils, déchets, Valence.
Hiltebrand père, soies et déchets, Romans.
Hiltebrand fils, soies et déchets, Romans.
Madon, soies, Montélimar.
Michel, déchets, Montélimar.
Nouzareth, soies, Montélimar.
Sauvac, soies, Montélimar.
Savelas, soies, Montélimar.
Tavan aîné, soies, Montélimar.
Tavan, cadet, soies, Montélimar.
Tavan jeune soies et déchets, Montélimar
Villedieu fils et cousins, soies, Montélimar.

Fabricants.

Beaubaton, velours, St-Nazaire-en-Royans.
Bernard, étoffes de soie, Bourg-du-Péage.
Delon frères, tissage mécaniques, St-Jean-en-Royans.
Dumazy, étoffes de soies, Romans.
Jadin et Ce, velours, St-Nazaire-en-Royans.
Jesserand, Févrot et Ce, étoffes de soie, St-Vallier.
Merle, foulards, Saillans.
Romanet-Constant, velours, St-Nazaire-en-Royans.
Verdun, taffetas et satin, Bourg-du-Péage.
Villard et Bocoup fils, étoffes de soie, St-Vallier.

Gard

Avant la maladie, le Gard récoltait 4 millions 1/2 de kilos de cocons produits par 160.000 onces de graines. Malgré la quantité toujours de plus en plus grande de graines mises à l'incubation, depuis le fléau la production a été réduite de moitié et plus.

La récolte fut en	1859	2.140.000 kil.
»	1860	1.935.000
»	1871	2.467.000

Voici maintenant quelques prix moyens des cocons à différentes époques avant la maladie. (Moyenne de cinq ans.)

1820/1824	3.72
1825/1829	3.56
1830/1834	3.47
1835/1839	4.91 (1)
1840/1844	4.44
1845/1849	3.94 (2)

Nîmes

Commissionnaires en soie.

Bergeret-Larnac.
Coulorgue.
Lombard père et fils (filateurs et mouliniers en Espagne).
Martin (A. et A.) frères.
Martin fils.
Mazier.
Roussy et Bernard.
Simon.
Théron-Anrès et Ce.

Commissionnaires en déchets.

Bergeret-Larnac.
Ducros.
Lamarque.
Martin (A. et A.) frères.
Martin fils.
Mazier.
Ponge-Fabre.

Filateurs.

Japavaire.
Japavaire père et fils.
Rey fils.
Théron-Anrès et Ce.

Filateurs de déchets.

Martin fils.
Martin (A. et A.) frères.

Mouliniers.

Guérin (S.).

Fabricants de soie à coudre.

Cadel (S.) fils aîné.
Cadel (S.) et Ce.
Garnier et Lombard.
Monnier-Lichaire.
Roussy et Bernard.
Sabatier.

(1) En 1836 le prix moyen fut de 5.90 ; incendie de New-York.
1837 — 3.50 ; violente crise qui fut la suite de l'incendie de l'année précédente.
1838 — 6.90 ; reprise des affaires après cette crise.

(2) En 1848 le prix moyen tomba à 1.75.

Fabricants d'étoffes de soie.

Bertrand-Boula.
Chardon père et fils.
Daudet aîné.
Rouvier et Ce.
Roux et Ce.
Rouvier et Castelnau.
Sagnier-Teulon.

Fabricants de bonneterie et ganterie de soie.

Cabanis.
Froment.
Germain fils.
Laune.
Rouverol-Polge.
Platon aîné et Ce.
Valès et Gas.

Fabricants de lacets.

Guérin.
Guérin neveu et Ce.
Laget et Bédarès.
Nicolas (représentant de Balas frères de St-Chamond).
Platon aîné et Ce.
Pallier.
Rouquette.

Filateurs et mouliniers.

Aubrespy, St-Ambroix.
Barral frères, St-Laurent-le-Minier.
Basson, St-Ambroix.
Bastide, St-Ambroix.
Boisset (de), St-Ambroix.
Boudon, St-Jean-du-Gard et Uzès.
Brouillet et Baumier, Le Vigan.
Carrière, St-André-de-Majencoules.
Chabal, Valleraugue.
Chabert, St-Ambroix et St-Victor.
Chambon (veuve Ls), St-Paul-la-Coste.
Cayzergue, Notre-Dame-de-la-Rouvière.
Fabre, Lirac.
Galimard père et fils, Barjac.
Gat, Roquemaure et Tavel.
Gardies, Alais.
Garnier et Larguier, Alais et Genolhac.
Guiraud, Resclauze.
Guiraud (L.), St-Ambroix.
Lacombe-Dumazer, Bagnols.
Manifassier, St-Ambroix.
Martinon fils, Codolet.
Merle fils, Bagnols.
Platon, St-Ambroix.
Silhol (A,), St-Ambroix.
Silhol (C.), St-Ambroix.
Silhol (L.), St-Ambroix.
Teissier du Cros, Valleraugue.
Vincent, Uzès.

Filateurs.

Abriac, Barjac.
Annat, Boisset et Gaujac.
Anguiviel, Valleraugue.
Arbousset, Quissac.
Arbousset frères, Alais.
Arnassant (E.), Anduze.
Arnassant (M.), Ribaute.
Astruc père et fils, Avèze.
Atger-Galoffre, Anduze.
Avesque, Valleraugue.
Baille, St-Ambroix.
Baumier et Coularon, Le Vigan.
Baumier-Gay, Le Vigan.
Bernard-Corbessas, Anduze.
Berthezène, Alais.
Berthezène, Rousson et Ce, Saumane.
Biscuit et veuve Bernadel, Anduze.
Blanc, St-Jean-du-Gard.
Blancard et Ce, Alais.
Blancard fils, St-Jean-du-Gard.
Blanchet fils, Alais.
Boissin, Bagnols.
Bonifas, Anduze.
Bonnal, St-Jean-du-Gard.
Bonnet, Alais.
Borty, Villeneuve-les-Avignon.
Boudet, Uzès
Bouniols père et fils, Le Vigan.
Bourguet, Monoblet.
Bourguet, St-Jean-du-Gard.
Broche-Malmazet, Goudargue et Bagnols.
Cahours et Lafont, Boisset et Gaujac.
Campredon fils, Monoblet.
Campredon-Fesquet, Générargues.
Canonge, Les Mages.

Carles, St-Laurent-le-Minier.
Celon, Remoulins.
Cézarin fils, Bagnols.
Chabal, St-Jean-du-Gard.
Chabert, St-Ambroix.
Chabrier, Alais.
Chaffiol, Pompignan.
Chastanier, Lussan.
Chrétien (veuve), Alais.
Coste et Ce, Avèze.
Coulomb (J.-L.), Lasalle.
Coulomb et Soubeyrand, Anduze.
Cousin, Anduze.
Crès, Lasalle.
David-Journet, Le Vigan.
Deleuze, Bayard.
Derboux et sœurs, Bagnols.
Ducros père et fils, Notre-Dame-de-la-Rouvière.
Dugas, St-Hippolyte.
Dumas et Ma.tin, Lasalle et Monoblet.
Dupuy. Alais.
Durand, St-André-de-Majencoule.
Dussol, Sumène.
Eymard, Bagnols.
Fabre-Ravat, Uzés.
Fajet, Genolhac.
Falguières, Cavaillac.
Favier-Thomas, le Pont-des-Charettes, près Uzès.
Féline, Alais.
Fesquet fils, Anduze.
Figuières père, Lasalle.
Figuières et Fournier, Lasalle.
Flaissières, St-Laurent-le-Minier.
Flory et Chabal, Aumessas.
Frayssinet, Anduze.
Francezon, Alais.
Galtier fils, Lasalle.
Galtier et Meyrueis, Calviac.
Garnier fils, Générargues.
Gascuel et Trouilhas, Alais.
Gavanon, St-Hippolyte.
Génolhac, Anduze.
Georges (veuve), Uzès.
Gervais frères, Anduze.
Genseul, Bagnols.
Gibelin fils, Lasalle.
Gimbert, Roquemaure.
Giniaux, Alais.
Givaudan-Cabrol, St-Laurent-des-Arbres.
Gial et fils, Alais.
Griolet, Barjac.
Guéry fils, Sumène.
Jourdan (veuve), Génolhac.
Lacombe, Alais.
Lafont et Cabanel, Alais.
Lafont et Guiraud, Alais.
Laget, St-Hippolyte.
Lapierre, Valleraugue.
Laporte frères, Le Vigan et Saint-André-de-Majencoule.
Laurent-Albert, St-Christol.
Laurent-Fesquet, Anduze.
Lauzerand frères, St-Jean-du-Gard.
Magnan, St-Jean-de-Valériscle.
Marcelin, Alais.
Martel, Alais.
Martin et Ce, Lasalle.
Mathieu, Uzès.
Maurel, l'Estrechure.
Mazaurie, Bayard.
Mazaurin fils, St-Hippolyte.
Ménard fils, Bez.
Ménard et Brun, Sumène.
Messac et Ce, Alais.
Michel, Anduze.
Mirabeau, Alais.
Nogaret, St-Jean-du-Gard.
Nougarède, Roquedur.
Nouzeran, St-Laurent-le-Minier.
Novis-Gervais, Boisset et Gaujac.
Olivier, St-Jean-de-Valériscle.
Pauc et Salhien, Alais.
Pellet, St-Jean-du-Gard et Mialet.
Penne, Villeneuve-lès-Avignon.
Perrier, Cros.
Planchon (A.), St-Hippolyte.
Plantier, Alais.
Pomaret, Le Vigan.
Portal, Mialet.
Puech, St-Hippolyte.
Puget, Bagnols.
Ruaz et Ce, St-André-de-Valborgne.
Ricard frères, Le Vigan.
Rocheblave (E.), Alais et Vézenobres.
Roché et Meynadier, Boisset et

Gaujac.
Roussel aîné, Anduze.
Roux, St-André-de-Valborgne.
Sabadel, St-Jean-du-Gard.
Salles-Albin, St-Laurent-le-Minier.
Saut et Pouten, Laudun.
Serres, St-Laurent-le-Minier.
Séverac, Valleraugue.
Sibour fils et Ce, Pont-St-Esprit.
Sprecher-Gervais, Anduze.
Soubeyrand (veuve Ls), St-Jean-du-Gard.
Teissier, St-Ambroix.
Teissonnière, Alais.
Teulon, Lasalle.
Vernet, Lasalle.
Vernet frères, Beaucaire.
Viala, Cavaillac.
Vignal, St-Pons-de-la-Calm.
Villaret (F.). Les Mages.
Villaret (P.), Anduze.
Villaret-Picheval, Anduze.
Villemajaune, St-Laurent-le-Minier.
Volpelière, Corbes.

Mouliniers.

Giraud, Bagnols.

Commissionnaires en déchets et soies.

Broche-Malmazet, Bagnols.
Charrier, Bagnols.
Fabre, Uzès.
Planche, Uzès.
Lapierre cadet, Bagnols.

Cardage.

Abric aîné, Aulas.
Abric frères, Alphi.
Brouilhet, Aulas.
Damesme et Ce, Cavaillac.
Laporte, Aulas.

Cardage par un nouveau système bréveté (matière mouillée au-dessus de 70 %) :

Broche-Malmazet, Bagnols.

Filateurs de douppions.

Broche-Malmazet, Bagnols.
Boisin, Bagnols.
Merle fils, Bagnols.
Puget, Bagnols.
Cézarin fils, Bagnols.
Derboux, Bagnols.
Bagnol, Bagnols.

Fabricant d'étoffes de soie.

Jourdan-Verchère, Villeneuve-lès-Avignon.

Gironde

Production en cocons : de 1830 à 1840 elle s'éleva de 4 à 5.000 kilos ; elle est réduite aujourd'hui de 4 à 500 kilos.

Soies teintes et écrues.

Thomassin (H.), Bordeaux, r. de la Merci, 7.

Hérault

Production : avant la maladie ce département récoltait 1.100.000 kil. de cocons. La récolte de 1871 a été de 260.000 kilos provenant de 22.650 onces de graines, soit un rendement de 11 kilos à l'once.

Commissionnaires en soie et déchets

Azema père et fils, Ganges.
Pairache fils, Ganges.

Filateurs et mouliniers

Barral (C. et E.), Ganges.
Carrière, Ganges.
Delarbre fils, Ganges.
Ricard père et fils, Ganges.
Toureille frères, Ganges.
Valmale et Cᵉ, La Roque près Ganges
Vidal (E.), Ganges.

Filateurs.

Bertrand père et fils, St-Beauzille-en-Putois.
Bourgade et Domergue, St-Beauzille-en-Putois.
Brunet, Ganges.
Cabannes-Meyrueis, Ganges.
Cavallié (J.), Le Pouzol, près Bédarieux.
Douysset, St-André-de-Sangonis.
Galtier aîné, Ganges.
Galtier (H.), Ganges.
Gazet, La Roque près Ganges.
Lauret (A.), Ganges.
Milhau père et fils, Le Pouzol près Bédarieux.
Noualhac aîné, Ganges.
Noualhac frères, Ganges.
Paris fils, Ganges.
Pairache fils, Ganges.
Puech, St-André-de-Sangonis.
Valat fils, Ganges.

Isère

Production en cocons : avant la maladie, 1.200.000 kilos en moyenne provenant de 40.000 onces de graines environ. Grâce à la persistance des éducateurs de ce département à maintenir leurs races jaunes les récoltes, pendant ces dernières années, n'ont guère descendu au-dessous de 800.000 kilos.

Filateurs et mouliniers.

Auger (veuve) et Cᵉ, Bourgoin.
Cuchet et Crozel, Chatte.
Dufêtre, la Sône.
Dumollard, Domène.
Dupin, la Tronche, près Grenoble.
Durand frères, Vizille.
Giraud, les Eparres.
Marion, Chatte.
Mauvernay, la Sône.
Pinet (veuve) et Hébrard, Tèche et Beaulieu.
Suffet, Beaurepaire.
Vignal, St-Antoine.

Filateurs.

Achard, la Sône.
Allemand, Anjou.
Bizolon, Corbelin.
Boisard, Vienne.
Bouvier, Chimilin.
Darnat et Bron, St-Romans.
David, le Verseau, près Domène.
Dorly, Vinay.
Dupuis, Anjou.
Fédides, Bourgoin.
Genon, Chatte.
Gilibert fils, Salaise.
Jeunhomme, St-Chef.
Julien, St-Chef.
Marchand aîné, les Roches-de-Condrieu.
Michel frères, Corbelin.
Minchoud, Veyrin.
Moyet, l'Albenc.
Paysan, Vinay.
Perrin, Beaurepaire.
Planel, le Verseau.
Richard, Salaise.

Rivet, Morestel.
Royannet, Domène.
Savoyart, Ste-Blandine.
Tabardel, St-Chef.
Terrat, Voiron.

Mouliniers.

Allyre-Boubon, Chatte.
Bellemin, la Golatière.
Bonnet, Izeron.
Borel père et fils, St-Antoine.
Boyer, St-Symphorien-d'Ozon.
Chazallet, St-Symphorien-d'Ozon.
Combier frères, Auberives.
Couturier frères, Bévenais.
Dupoux, St-Symphorien-d'Ozon.
Fayolle, St-Chef.
Girard, Roussillon.
Giraud et Ce, Château-Vilain.
Hector frères et sœurs, St-Romans.
Hector-Joly, St-Geoire.
Hector (F.), St-Romans.
James, Chatte.
Jaubert, Lyons, Audras, Pont-en-Royans.
Moyrand et Marathon, Vinay.
Riboud (veuve), les Eparres.
Valentin, St-Just-de-Claix.

Tissage d'étoffes de soie.

Andréan et Revoux, Chemilin.
Araud frères, Pont-de-Beauvoisin.
Baratin aîné, Fures, près Tullins.
Bizolon, Corbelin.
Boissieu (de) et Cochaud, la Tour-du-Pin.
Bouvard, Moirans.
Boyrivent, la Bâtie-Mont-Gascon.
Brosset-Heckel, le Péage-de-Roussillon.
Chapuis, la Tour-du-Pin.
Clavel, Pont-de-Beauvoisin.
Couturier frères, Bévenais.
Delmas et Chapuis, Vizille.
Devirne, la Tour-du-Pin.
Dufêtre, la Sône.
Durand frères, Vizille.
Emery, Chatonay.
Fortoul, les Abrets.
Garnier, Pont-de-Beauvoisin.
Genin et Martin, Moirans.
Giraud, les Abrets.
Giraud (A.), les Eparres.
Giraud et Ce, Château-Vilain.
Guinet (A.) et Ce, Vizille.
Girodon et Ce, Renage.
Guinet (J.) et Ce, Vizille.
Jamet, les Abrets.
Jaubert, Lyons, Audras, Vizille.
Jourdan, Delomieu.
Landru, Chabons.
Michal-Ladichère frères, St-Hilaire-de-Brens.
Michel frères, Corbelin.
Monnet et Guichon, Chimilin.
Moyrand et Marathon, Vinay.
Nierd, Corbelin.
Rabatel, les Abrets.
Tabard, Crémieu.
Vulpillat, Renage.

Fabrique de rubans.

Barlet et Ce, Fures, près Tullins
Desgrand, St-Jean-de-Bournay.
Malescourt, St-Jean-de-Bournay.
Seigle-Neyret, St-Jean-de-Bournay.

Fabrique de cordonnets de soie.

Busco, St-Geoire.
Veyre cadet, St-Bueil.

Indre-et-Loire

Ce département a été pour ainsi dire le berceau de la sériculture. Au début de la maladie sa production en cocons pouvait s'évaluer à 25.000 kilos. En 1857 et 1858 elle descendit au-dessous de 4 000 kilos.

Tours

Fabr. d'étoffes de soie.

Croué et fils, r. du Rempart.
Fey et Martin, q. St-Symphorien, 25.
Pillet-Meauzé et fils, r. St-Etienne.
Roze et Ce, r. de la Brèche.

Fabr. de passementerie.

Charlot (veuve), r. des Cerisiers.
Demeure, r. de la Galère.
Lecat et Ce, r. St-Etienne.
Lemoine et Crémière, r. des Amandiers.

Fabr. de soie à coudre.

Durand (A.), r. Blanche.
Glassier, r. du Boucassin.

Loire

Production en cocons : 7 à 8.000 kilos.

D'après le rapport des délégués de la rubanerie, publié en 1871, la production moyenne de Saint-Etienne, pendant la période de 1865 à 1870, peut s'élever ainsi :

Rubans unis ou façonnés, environ	45	millions.
Rubans velours noirs et couleurs .	30	»
Passementerie	12	»
Galons......................	6	»
Tissus caoutchouc............	5	»
Lacets (y compris St-Chamond...	20	»
Total.........	118	millions.

Les 45 millions de rubans unis ou façonnés se répartissent, au point de vue de la consommation, de la manière suivante :

5 millions pour l'Angleterre.
12 » pour les Etats-Unis.
7 » pour les autres pays.
21 » pour la France.

Les 30 millions de rubans velours :

6 millions pour l'Angleterre.
8 » pour les Etats-Unis.
6 » pour les autres pays.
10 » pour la France.

Les 18 millions de passementerie et galons :

6 millions pour l'Angleterre.
2 » pour les Etats-Unis.
1 » pour l'Amérique du Sud.
2 » pour l'Allemagne.
1 » pour l'Italie et l'Espagne.
6 » pour la France.

Les 5 millions caoutchouc sont tous pour la consommation intérieure.

Quant aux lacets, ni Saint-Chamond, ni Saint-Etienne ne peuvent rien exporter en passementerie mélangée ; seuls, les lacets de soie ont ce privilége, et il en sera ainsi tant que le gouvernement français refusera la faculté d'admission temporaire aux fils retors de laine et de coton de provenance anglaise.

Production de 1871.

Rubans velours........	40	millions.	
» unis ou façonnés	50	»	
Passementerie	7	»	
Galons	7	»	
Tissus caoutchouc.....	5	»	600 000 fr.
Lacets................	20	»	
Total.......	120	millions 600.000 fr.	

Pour les velours, les principaux débouchés ont été l'Amérique et l'Angleterre ; la consommation française a été presque nulle, Paris étant resté bloqué jusqu'à la fin mars. L'augmentation sur le prix moyen des velours a été d'environ 40 o/o par kil. sur celui de 1870.

En janvier, février, mars et avril, les rubans unis ou façonnés furent peu occupés relativement aux mois suivants. Le prix moyen a très-probablement été de 10 % plus élevé par kilo en 1872 qu'en 1870, surtout par suite de l'augmentation de la main-d'œuvre. La consommation intérieure a absorbé 20 millions de francs sur les 50 millions produits ; le reste a été exporté.

La mode ayant délaissé la passementerie, la production a diminué de près de 50 %.

Production en 1872.

Rubans de soie pure et mélangée.	70	millions.
Passementerie (St-Etienne)......	6	»
Galons..........................	6	»
Rubans velours..................	20	»
Lacets (St-Chamond).............	15	»
Caoutchouc......................	5	»
Total.......	122	

Les exportations ont été comme suit :

Rubans de soie pure........................	13	millions.	
Velours tramés coton.......................	16	»	
Rubans couleurs, mélangés coton et laine....	24	»	
Rubans noirs mélangés......................	4	»	
Passementerie soie pure (St-Etienne)........	»	»	600.000 fr.
Passementerie, lacets, etc., soie pure (Saint-Chamond)........................	4	»	
Passementerie mélangée (St-Etienne).........	4	»	
Total......	65	millions 600.000 fr.	

St-Etienne

Condition des Soies.

Directeur, L. Blachon.

Courtiers pour la soie.

Courally, pl. St-Charles, 5, et place de l'Hôtel-de-Ville, 8.
Crozet, r. de la Loire, 1.
Dubreuil, r. Gérentet, 16.
Gerin, r. Mi-Carême, 6.
Payre (A.), r. des Jardins, 4.
Payre, pl. de l'Hôtel-de-Ville, 12.
Rispal, r. d'Annonay.
Syméon, r. de la Loire, 51.
Tézenas, r. des Jardins. 20.

Commissionnaires et marchs de soie.

Arlès-Dufour et Ce, pl. Marengo, 9.
Armandy frères, r. de la Bourse, 23
Balay frères et 3e, r. des Jardins, 13.
Blancher (E.), r. des Jardins, 6.
Bréchignac (P.), r. de Foy, 3.
Bronac (J. de) et Parret, r. de la Bourse, 16.
Chavallard (Ant.) jeune, r. de la Bourse, 9.
Chavallard fils et Delobre, r. de la Loire, 14.
Deyral et Sabot, r. de la Paix 5, et de la Bourse, 3.
Desgrand (L.) et Ce, r. de la Paix, 14
Desplagnes (J. et E.) frères, pl. Marengo, 13.
Drevet, pl. Mi-Carême, 9.
Duplay-Balay, r. de Bourse, 30.
Durand-Badel, r. de la Bourse, 21.
Faure, r. de la Bourse, 18.
Fustier aîné, r. des Jardins, 11.
Gillier, r. de la Bourse, 23.
Guérin (ve) fils et Ce, pl. de l'Hôtel-de-Ville, 8.
Guichard, r. de la Bourse, 5 et r. de Paris, 15.
Jamon frères, r. de la Bourse, 42.
Maras, r. de la Bourse, 1 et pl. Marengo, 5.
May et Ce, r. de la Bourse, 22.
Merle et Rispal, r. de Foy, 17.
Michel (J.), r. St-Louis, 5.
Michel et Gay, r. de la Bourse, 26.
Poméon et Ce, r. de la Paix, 2.
Tamet (Michel) et Ce, pl. de l'Hôtel-de-Ville, 10.
Tardy, pl. Mi-Carême.
Teyter, r. Marengo, 23.
Thibaudet et Pascalis, r. de la Bourse, 14.
Viguet, r. de la Bourse, 9.
Vimor, r. Ste Catherine, 14.

Fabricants de rubans.

Angénieux frères, r. de la Paix, 10.
Arnaud et Reymondon, pl. St-Charles, 14.
Astic et Bel, r. de la Croix, 9.
Augier, r. de Roanne, 3.
Avril et fils, r. des Jardins, 28.
Balay (C. et G.), r. Gérentet, 2 et r. de la Croix, 1.
Baraille et Chaize, r. de la Croix, 4.
Barbe, pl. de l'Hôtel-de-Ville, 1.
Barbier et Deville, r. Balay, 14.
Barlet (E.) et Ce, pl. de l'Hôtel-de-Ville, 12.
Barlet (P.), pl. de l'Hôtel-de-Ville, 12
Barlet (J.), Conchon et Ce, r. de la République, 9.
Baraillier-Sablière, r. de la République, 25.
Barallon et J. Brossard, r. de la République, 3.
Barrière, r, Traversière, 8.
Baudron, et A. Dubost, r. de Roanne, 12.
Béal-Barlet, r. de la Paix, 13.
Beaufils-Forest, r. République, 1.
Beaulieu fils, r. St-Jean, 3.
Belingard, r. St-Louis, 19.
Bernard et Carré, r. des Gris, 1.
Berne père et fils, pl. de l'Hôtel-de-Ville, 7.
Berthon-Perrichon (successeurs de Grange), r. de la Bourse, 5.
Besson (C.), r. de la République, 14.
Besson (J.-B.) jeune, r. des Deux-Amis, 2.
Besson (R. et L.) frères, r. de la République, 12.
Bodoy et Ce, r. Gérentet, 2.

Boudarel (J.-B.), r. Traversière, 6.
Boudarel (J.) neveu, r. de la Croix, 4.
Boudarel et Chavanon, 3, pl. de l'Hôtel-de-Ville.
Boulin, r. du Grand-Moulin, 4.
Bourgaud frères, r. de Foy, 8.
Bresson aîné, place de l'Hôtel-de-Ville, 15.
Bret et Ce, r. de la République, 13.
Breuil, Triozon et Ce. r. de Paris, 7.
Brossier-Davaize, pl. de l'Hôtel-de-Ville, 13.
Brun, r. Marengo, 6.
Brienon, pl. St-Charles, 12.
Calemard, r. de la Bourse, 22.
Chaleyer fils, r. St-Louis, 21.
Champagnac, r. du Treuil, 14.
Camussy et Gabillot, pl. de l'Hôtel-de-Ville, 5.
Chapet, r. de la Croix, 9.
Chapon, r. Gérentet, 12.
Chapuis fils aîné, r. du Treuil, 8.
Chapuis-Avril, r. de l'Isle, 20 et 22.
Chomier-Chavanne, pl. Marengo, 5.
Chorein, r. de la Bourse, 30.
Coadon, r. de la Comédie, 5.
Cognard et Frécon, place St-Charles, 9.
Coclombet et Ce, r. de la République, 5.
Colombant (A. veuve) et Ce, r. de de la Paix, 41.
Coste frères et Durieux, r. Villedieu, 9.
Couland et Balouzet, r. de Foy, 10.
Couturier père et fils, pl. Mi-Carême, 3.
Couzon et Degraix, r. de la Croix, 1.
Crépet (J.), r. Praire, 21.
Crépet-Descours (Auguste), r. du Palais-de-Justice, 8.
Cunit, r. de la Bourse, 23.
Dauphin, pl. Marengo, 3.
David)A.), pl. Mi-Carême, 7.
David (J.-B.), r. de la Bourse, 16.
David frères, r. des Jardins, 13.
Delcros-Héraud, s. St-Charles, 41.
Denis pl. Marengo, 2.
Descours pl. de l'Hôtel-de-Ville, 15.
Dugnat, Gauthier et Ce, place Marengo, 13.
Dumarest fils, r. de Foy, 2.
Dupuy, r. de la République, 14.
Durand et Martin, r. de la Bourse, 32.
Egalon frères, r. de la Loire, 3.
Epitalon frères, r. de la Bourse, 32.
Faure-Chavanne, r. Royale, 22.
Faure (J.), r. Brossard, 7.
Faure (P.) et Chavane, r. Ste-Catherine, 6.
Faverjon et Vende, r. de la République, 9.
Favier, pl. St-Charles, 9.
Favre-Chomeron, pl. de l'Hôtel-de-Ville, 3.
Filliol et V. Laurent, 13, place Marengo.
Fleury fils, r. de la République, 8.
Fontaney, r. du Treuil, 46.
Fontvieille et Girinon, rue de la Bourse, 29.
Foujols et Ce, r. Froide, 14.
Fourneyron et Ce, pl. Marengo, 8.
Fraisse-Brossard fils jeunes, r. de la Paix, 6.
Fraisse-Fraisse (A.) et Ce, pl. St-Charles, 12.
Fraisse-Gerest, pl. Mi-Carême, 7.
Fraisse-Jacquet frères, place Marengo, 15.
Fraisse-Merley, pl. Marengo, 5.
Gattet et Ramet, r. de la République, 8.
Gauthier-Peyron, r. de Paris, 1.
Gélas, r. Lodi, 11.
Georjon et Françon, r. Balay, 9.
Gérard, r. Brossard, 6.
Gérentet et Coignet, pl. Marengo, 5.
Gerin et Dufour, gr. r. Mi-Carême, 6
Girard, Ogier et Ce, pl. de l'Hôtel-de-Ville, 15.
Giron frères, r. de la République, 11.
Giry, r. St-Charles, 29.
Gobert, r. de la République, 1.
Grenetier, r. de la Paix, 2.
Guérin (veuve), pl. de l'Hôtel-de-Ville, 3.
Guillaume, Staron jeune et Ce, pl. Mi-Carême, 1.
Guitton-Nicolas et Ce, place Ma-

rengo, 7.
Henry et Ce, pl. St-Charles, 9.
Hérard, r. de la Bourse, 10.
Jacod (Denis), r. de l'Ile, 10.
Jacod (Maurice), r. de la République, 8.
Jaray et Frécon, pl. St-Charles, 11.
Joubert jeune et Ce, r. des Jardin, 4.
Joucerand fils aîné, r. de Paris, 1 et r. de la Paix, 2.
Joucerand (Claudius), r. de Foy, 6.
Lacour et Ce, pl. de l'Hôtel-de-Ville, 10.
Lacroix et Ce, r. de la Paix, 14 et r. Forissier, 1.
Lafond (A.), pl. de l'Hôtel-de-Ville, 3.
Lafond (veuve) et Ce, rue de la Bourse, 24.
Larcher, pl. Marengo, 19.
Liabeuf, r. du Grand-Moulin, 2.
Liotard, Bernard et Ce, place Marengo, 9.
Malescourt, pl. de l'Hôtel-de-Ville, 5.
Marchand, r. de Paris, 1.
Marcon et C. Rosier, r. du Treuil, 14.
Marcou et Ce, pl. de l'Hôtel-de-Ville, 6.
Martinet, pl. St-Charles, 9.
Michel, r. du Grand-Gonnet, 28.
Morel et Ce, r. du Treuil, 8.
Moustier et Ce, r. de la Bourse, 3.
Neyret, r. de la République, 19.
Palle et Foujols, r. de la Croix, 3.
Palle et Gobert, pl. du Peuple, 26.
Penel, Lacour et Dufour, pl. de l'Hôtel-de-Ville, 9.
Pénel (C.), r. de la République, 6.
Perrichon-Paradis, r. de Roanne, 3.
Perrichon et Simon (successeurs de Chapelon et Offray), 26, r. de la Bourse.
Peuvergne (Albert), pl. Marengo, 2.
Peuvergne frères, r. Balay, 14.
Peyret-Lacombe, pl. St-Charles, 9.
Peyret, Tézenas et Bastide, r. Brossard, 9.
Peyronnet, r. du Treuil, 10.
Philip, r. de la Bourse, 13.
Pinatelle et Brossy, pl. de l'Hôtel-de-Ville, 11.
Portafaix et Faure, r. St-Charles, 20.
Portallier, r. de Roanne, 3.
Preynat et Rosier, pl. de l'Hôtel-de-Ville, 15.
Pupil, r. des Jardins, 14.
Revol aîné et Ce, r. Gérentet, 6.
Revol, r. de Roanne, 26.
Rey et Ce, pl. Mi-Carême, 3.
Richarme-Cognard, rue de la Loire, 22.
Ripsal frères, r. Marengo, 6.
Rivolier, pl. de l'Hôtel-de-Ville, 6.
Robert, r. Gérentet, 10.
Robichon (L.) et fils, r. de la Paix, 10.
Rondard et Ce, r. de la Paix, 14.
Rouchon et Ce, r. de la Loire, 3.
Sabot, r. de la République, 3.
Sarda, r. St-Charles, 17.
Serre et Ce, pl. du Marché, 1.
Seut, r. de Roanne, 5.
Soulié et Vende, r. de la République, 3.
Syveton (L. et C.), rue de la Bourse, 10.
Tamet-Gagnière, r. de l'Eternité, 11.
Tardy, r. de Paris, 9.
Taveau jeune, r. de la Bourse, 3.
Tempier et Ce, pl. Marengo, 2.
Tillon, r. du Treuil, 10.
Tivet, r. de la République, 11.
Touzet, pl. du Marché, 1.
Troyet et Ce, r. de la République, 13.
Tyrode et Ce, r. de la Croix, 4.
Vacher, r. de Lodi, 5.
Verdelet et Ce, r. de l'Hôtel-de-Ville, 9.
Verdier, pl. du Marché, 6.
Vignat, r. du Chambon, 10.
Vincent, r. des Deux-Amis, 6.
Vinson et Sagnard, r. de la République, 25.
Wolff et Thiollier, r. de la République, 4.

Fabricants de velours noirs et couleurs.

Arnaud et Remondon, place St-Charles, 14.
Augier, r. de Roanne, 3.
Avril et fils, r. des Jardins, 28.

Barbier et Deville, r. Balay, 14.
Baraillier-Sablière, r. de la République, 25.
Beaufils-Forest, r. de la République, 1.
Boudarel et Chavanon, 3, pl. de l'Hôtel-de-Ville.
Boudarel (J.) neveu, rue de la Croix, 4.
Brenier, r. de la Croix, 18.
Brossier-Davaize, pl. de l'Hôtel-de-Ville, 13.
Chaize-Bonnard, r. du Treuil.
Chaleyer fils, r. St-Louis, 21.
Chapuis-Avril, r. de l'Ile, 20 et 22.
Circaud, r. Neyron, 55.
Coadon, r. de la Comédie, 5.
Colombant (veuve) et Ce, r. de la Paix, 13.
Crépet-Descours, r. du Palais-de-Justice, 8.
Cunit, r. de la Bourse, 23.
David (J.-B.), r. de la Bourse, 16.
Denis, pl. Marengo, 2.
Descours, pl. de l'Hôtel-de-Ville, 15.
Deville, r. de la République, 25.
Dugnat, Gauthier et Ce, place Marengo, 13.
Dumarest fils, r. de Foy, 2.
Durand (Benoît), r. de la Bourse, 11.
Durand et Martin, r. de la Bourse, 32.
Faure-Chavanne, r. de la République, 22.
Faure (J.), r. Brossard, 7.
Fleury fils, r. de la République, 8.
Fontaney, r. du Treuil, 46.
Fontvieille, r. Montaud, 52.
Fraisse-Brossard fils jeunes, r. de la Paix, 6.
Fraisse-Jacquet frères, pl. de la Marengo, 15.
Fraisse-Fraisse et Ce, pl. St-Charles, 12.
Giron frères, r. de la République, 11.
Joucerand, r. de Foy, 6.
Larcher sœurs, ve Chandenier et Ce, r. des Arts, 11.
Millon, pl. de l'Hôtel-de-Ville, 10.
Morel et Ce, r. du Treuil, 8.
Pénel (C.), r. de la République, 6.
Penel, Lacour et Dufour et Ce, pl. de l'Hôtel-de-Ville, 9.
Perrichon-Paradis, r. de Roanne, 3.
Peyronnet, r. du Treuil, 10.
Philip, r. de la Bourse, 13.
Pinatel fils, r. Brossard, 1.
Portallier, r. de Roanne, 3.
Rey, pl. Mi-Carême, 3.
Sardat, r. St-Charles, 17.
Soulié et Vende, r. de la République, 3.
Trmet-Gagnière, r. de l'Eternité, 11.
Trouillet fils, r. St-François, 4.
Valancogne, ve, r. des Jardins, 11.
Vacher, r. de Lodi, 5.
Verdelet et Ce, place de l'Hôtel-de-Ville, 9.

Commissionnaires en rubans, velours, passementeries, etc.

Anrès, pl. Marengo, 19.
Arlès-Dufour et Ce, pl. Marengo, 9.
Auffm-Ordt et Ce, pl. de l'Hôtel-de-Ville, 6.
Augier, pl. Marengo, 13.
Baudron et Dubost, r. de Roanne, 12.
Bernheim, r. de la République, 6.
Blancon (L.), r. de la Loire, 29.
Blancon (J.-M.) fils, pl. Marengo, 15.
Bléttry, pl. Marengo, 7.
Block et J. Ulmann, r. de Paris, 1.
Boggio et Garand, r. Gérentet, 2.
Bonjean, pl. St-Charles, 6.
Bosch, Falck et Nordman, r. de la Bourse, 7.
Bost-Durand, pl. de l'Hôtel-de-Ville, 4.
Brioude et Ce, pl. de l'Hôtel-de-Ville, 9.
Brunon et Ce, pl. Mi-Carême, 1.
Candy et Ce, place de l'Hôtel-de-Ville, 15.
Chandler, pl. de l'Hôtel-de-Ville, 10.
Chapon et Ce, pl. St-Charles, 8.
Cholat aîné, r. Forissier, 3.
Cognet et Gailhard, r. des Arts, 4.
Creton et Ce, r. de la Croix.
De Lamberterie, r. du Treuil, 14.
Dobelin, A. Maxein et Ce, pl. de l'Hôtel-de-Ville, 6.

Ducreux, de la République, 1.
Dumarest jeune, pl. Mi-Carême, 4.
Escoffier, pl. St-Charles, 6.
Faure, r. des Arts, 2.
Gaisman, pl. de l'Hôtel-de-Ville, 12.
Gaucher, pl. Marengo, 5.
Gidon, r. de la République, 8.
Girard et Lyonnard, pl. Marengo, 13
Gobert, r. des Arts, 6.
Gros, r. de la Bourse, 3.
Grua, r. de Paris, 17.
Guérin, Deville et Ce, rue de la Croix, 1.
Hardoff et Ce, r. des Jardins, 28.
Hervier-Soulié, r. de Roanne, 3.
Hess et Ce, r. des Jardins, 4.
Hesse, r. du Grand-Moulin, 13.
Jampierre-Monnier, rue du Grand-Moulin, 10.
John Howell et Ce, pl. Mi-Carême, 4.
Kahn. r. Gérentet, 2.
Laurens, r. Brossard, 6.
Leaf sons et Ce, pl. Marengo, 8.
Liogier et Culty, r. Brossard, 6.
Mazodier, r. du Chambon, 10.
Milson, Foy et Ch. Berry, r. Brossard, 6.
Montagnac, r. de Foy, 12.
Pagnon, r. Marengo, 9.
Paliard, r. Marengo, 19.
Palix et Ce, pl. Marengo, 4.
Potel, r. de la Paix, 34.
Samuel et Ce, pl. St-Charles, 4.
Savoye, pl. Mi-Carême, 4.
Schœler, r. du Treuil, 6.
Schramsck jeune, pl. de l'Hôtel-de-Ville, 5.
Soléliac frères, pl. Marengo, 5.
Strange et frère, r. de la République, 13.
Tamet et Ce, place de l'Hôtel-de-Ville, 10.

Fabricants de passementeries.

Angénieux frères, r. de la Paix, 10.
Arnaud et Reymondon, pl. Saint Charles, 14.
Auger, r. de Roanne, 3.
Balay (L. et C.), r. Gérentet, 2.
Barlet, Conchon et Ce, r. de la République, 9.
Barbe, pl. de l'Hôtel-de-Ville, 1.
Béal-Barlet, r. de la Paix, 13.
Beaulieu, r. St-Jean, 3.
Besson (R. et L.) frères, r. de la République, 12.
Bret, r. de la République, 13.
Brun, r. Marengo, 6.
Chamussy et Gabillot, pl. de l'Hôtel-de-Ville, 5.
Cognard et Frécon, pl. St-Charles, 9.
Colombaut (A. Ve) et Ce, rue de la Paix, 41.
Coulaud et Balouzet, r. de Foy, 10.
Couturier père et fils, pl. Mi-Carême, 3.
Denis, pl. Marengo, 2.
Descours, pl. de l'Hôtel-de-Ville, 15.
Deville père et fils, r. du Treuil, 8.
Dumarest fils, r. de Foix, 2.
Dupuy et Roux, r. de la République, 14.
Favre-Chometon, pl. de l'Hôtel-de-Ville, 3.
Faverjon et Vende, r. de la République, 9.
Filliol et Laurent, pl. Marengo, 13.
Fleury fils, r. de la République, 8.
Fontvielle et Girinon, rue de la Bourse, 29.
Foujols, r. de la Croix, 3.
Fulchiron frères, grand rue Tréfilerie, 17.
Gérin et Dufour, grande rue Mi-Carême, 6.
Grenetier, r. de la Paix, 2.
Jacob, r. de la République, 8.
Joucerand, r. de Foy, 6.
Kahn frères, r. Gérentet, 2.
Liabœuf, r. du Grand-Moulin, 2.
Marcou et Ce, place de l'Hôtel-de-Ville, 6.
Neyret, r. de la République, 19.
Penel-Lacour et Dufour, place de l'Hôtel-de-Ville, 9.
Peyronnet, r. du Treuil, 10.
Peyret, Tezenas et Bastide, rue Brossard, 9.

Rey et Ce, pl. Mi-Carême, 3.
Seut, r. de Roanne, 5. — Spécialité de blanc.
Soulié et Vende, r. de la République, 3.
Tillon jeune, r. du Treuil, 10.
Vinson, Sagnard et Ce, r. de la République, 25.
Wolf et Thiollier, r. de la République, 4.

Fabrique de bourdaloux, galons et articles de chapellerie.

Astic et Bel, r. de la Croix, 9.
Barrière, r. Traversière, 8.
Bayard aîné, impasse St-Honoré.
Bayard, av. de la Gare.
Breuil, Triozon et Ce, r. de Paris, 7.
Brun, r. Marengo, 6.
Callet-Bachelard, r. de la Bourse, 40.
Chapet, r. de la Croix, 9.
Couturier père, pl. Mi-Carême. 3.
David (J.-B.), r. de la Bourse, 16.
Faure (Louis), avenue de la Gare.
Faure et Chavanne, r. Ste-Catherine, 6.
Gerard, r. Brossard. 6.
Joucerand, r. de Foy, 6.
Martinet, pl. St-Charles, 9.
Odin, r. Balay, 14.
Peyret-Lacombe, pl. St-Charles, 9.
Portafaix et Faure, r. St-Charles, 20.
Revol, r. de Roanne, 26.
Taveau jeune, r. de la Bourse, 3.
Tivet, r. de la République, 11.
Touzet, pl. du Marché, 1.
Tyrode et Ce, r. de la Croix, 4.

Fabricants de tissus en caoutchouc pour chaussures et ceintures.

Barbier-Rambaud, pl. St-Charles, 5.
Barbier (veuve), r. St-Louis, 25.
Béal-Barlet, r. de la Paix, 13.
Bertrand, pl. de l'Hôtel-de-Ville, 7.
Chapoton-Feynas (veuve), rue des Gauds, 36.
Chillet et Ce, r. Jacquard, 32.
Cuilliéron-Policard, au Petit-Treuil.
David (J.-B.), r. de la Bourse, 18.
Durand et Martin, r. de la Bourse, 32
Feynas-Dousson, à Bérard.
Fraisse, r. de la Bourse, 10.
Fulchiron jeune et Dumas, grande r. Tréfilerie, 19.
Guinard (J. et J.), grande r. Tréfilerie, 12.
Jacquet-Policard, au Petit-Treuil.
Joucerand-Massardier, r. de la Corre-Valbenoîte.
Liabœuf, r. du Grand-Moulin, 2.
Marcelin frères, r. de Montaud, 2.
Othon-Petit et Ce, pl. Mi-Carême, 3
Proriol-Doron, r. de Valbenoîte, 35.
Verdelet et Ce, pl. de l'Hôtel-de-Ville, 9.

Fabricants de lacets.

Anglade père et fils, au Rey (Valbenoîte).
Fulchiron frères, grande rue Tréfilerie, 17.
Penel et fils, rue Boulevard-Valbenoîte, 105.

St-Chamond.

Commissionnaires en soies

Coignet-Dummler.
Poizat-Gerin.
Tamet et Ce.

Mouliniers.

Alamagny-Oriol et Ce.
Albert aîné et à Doizieux.
Alibert.
Arsac.
Bertholon-Vigier.
Bonhomme.
Brun et Ce.
Chatagnon.
Duclos.
Girard-Balas.
Montgiroud.
Pinoy.
Poizat-Gerin.

Fabricants de lacets et tresses.

Alamagny-Oriol et Ce.
Balas-Dubouchet.

Balas frères et à Izieux.
Berne et à St-Julien.
Bethenod et Mallion.
Brun et Cᵉ et à Lavalla.
Chaland fils.
Condamine (de la).
Couchoud de Gournay.
Dubouchet (J.).
Grangier et Reymondon.
Guy fils et Martin.
Lassablière, Burelier et Cᵉ.
Macabeo (veuve).
Michel (J.).
Michel et fils et à Izieux.
Montellier-Motiron et à St-Martin-en-Coailleux.
Renodier père fils et Cᵉ, et à Izieux
Simon et à Lavalla.

Divers.

Mouliniers.

Auger (H.), Pelussin.
Auger (J.), Pelussin.
Bernard, Pavezin
Bonnay père et fils, St-Paul-en-Jarret.
Bonnet, Pelussin.
Bourrin et Cᵉ, St-Paul-en-Jarret.
Brodoux, Pelussin.
Champion, Pelussin.
Charrin, St-Paul-en-Jarret.
Charlot, Pelussin.
Charvet, Pelussin.
Charvet, le Chambon.
Chataignon, St-Paul-en-Jarret.
Chenavas, Pelussin.
Chomel (veuve), St-Julien-Molin-Molette.
Chorel, St-Paul-en-Jarret.
Copin, Maclas.
Dégabriel père et fils, St-Paul-en-Jarret.
Dervieux, Chavanay.
Dousson-Duperrier, Pelussin.
Dubos, la Terrasse-en-Doizieux.
Dubreuil frères, la Terrasse-en-Doizieux.
Dubouchet, Unieux.
Dubost, St-Paul-en-Jarret.
Fara, Bourg-Argental.
Filliat, Pelussin.
Forest (veuve, Pelussin.
Fournier, le Crozet.
Gillier et Godin, St-Julien-Molin-Molette.
Girard, Pelussin.
Granger, Pelussin.
Guigal fils, Pelussin.
Hervier, St-Paul en-Jarret.
Jamet (veuve(, Bourg-Argental.
Jamet et Olagne, St-Julien-Molin-Molette.
Largeron, Jonzieux.
Lombard, Pelussin.
Marton-Abel, Pelussin.
Michel, Maclas.
Moret, St-Paul-en-Jarret.
Oriol et Cᵉ, St-Galmier.
Pairard, St-Paul-en-Jarret.
Paret, Pelussin.
Poidebard et fils, St-Paul-en-Jarret.
Pombard, Pelussin.
Pourret, Maclas.
Ravachol, Pelussin.
Revolon, Pelussin.
Raspail (neveu), le Chambon.
Rispal oncle, le Chambon.
Rivière, le Chambon.
Robelit, St-Paul-en-Jarret.
Vanel, St-Paul-en-Jarret.
Rolland, Pelussin.
Vidon, Bourg-Argental.

Filateurs.

Tardy, Chavanay.

Filateurs en bourre de soies.

Aucquier frères, St-Victor.

Commissionnaires en déchets.

Chantossel et Mouchet, Pelussin.
Dervieux (veuve), St-Paul-en-Jarret.
Eyraud, Pelussin.
Martin, Pelussin.
Pipet, St-Paul-en-Jarret.

Fabricants de rubans, d'étoffes de soie et lacets.

Badard, lacets, Izieux,
Berne père et fils, Bourg-Argental, rubans.

Bonnay fils, lacets, Lorette.
Capony, étoffes, Roanne.
Chambon, étoffes, Bourg-Argental.
Chomel (veuve), St-Julien-Molin-Molette.
Coignet-Terrasson, lacets, St-Martin-en-Coailleux.
David (J.-B.), rubans, Boën-sur-Lignon.
Defours aîné, étoffes, Bourg-Argental
Eimain, étoffes, St-Pierre-de-Beuf.
Gillier et Godin, crêpes, St-Julien-Molin-Molette.
Guy fils, lacets, St-Martin-en-Coailleux.
Jamet et Olagne, crêpes, et foulards, St-Julien-Molin-Molette.
Marchand, étoffes, St-Pierre-de-Beuf.
Paccalet, lacets, la Tour.
Perrichon, lacets, Doizieux.
Perrier, crêpes, St-Julien-Molin-Molette.
Portafaix, Doizieux.
Rabatel, étoffes, St-Pierre-de-Beuf.
Rivière, étoffes, Bourg-Argental.
Sénéclauze aîné et fils, étoffes, Bourg-Argental.
Sève, étoffes, St-Pierre-de-Beuf.
Vidon, étoffes, Bourg-Argental.

Loire (Haute)

Production en cocons : insignifiante.

Nota. — Pour ne pas étendre outre mesure cet *Indicateur*, nous n'avons pas cru devoir reproduire ici la liste des fabricants de *dentelles et blondes* du Puy et du département. Du reste, la soie entre en si petites proportions dans cette fabrication que cette liste fût restée, sauf de rares exceptions, complètement inutile.

Le Puy.

Marchands de soie.

Brenas-Deromieu.
Charreyre (représentant de la maison Ed. Rhodé et Cᵉ, de Paris.
Colas et fils (de Caen).
Drouet et A. Duval (de Caen).
Douce.
Geonget (Mˡˡᵉ).
Jaricot (veuve) et fils.
Rouillard (représentant de la maison Canoville de Paris).
Royanné et fils.
Soulages (A.).
Truchet (H.).

Mouliniers.

Bayle, Dunières.
Blanchard, Dunières.
Bouchet, Dunières.
Bouilliot, Dunières.
Brioude, Tence.
Carpot aîné, Dunières.
Chapelon, Dunières.
Descours. Dunières.
Digonnet Dunières.
Faurie, Dunières.
Gouyet (H.), Dunières.
Gouyet (J.-B), Dunières.
Gourdon, Dunières.
Jamot, Dunières.
Lauzial, Dunières.
Layvrillère (de), Tence.
Lemoine (A.), Dunières.
Lemoine (J.), Dunières.
Machabert, Dunières.
Malartre, Dunières.
Moulier, Dunières.
Payrache frères et Briat, St-Didier-la-Seauve.
Rigaud, Dunières.
Ronchon, Dunières.
Sue, Dunières.

Vial, Dunières.

Fabrique de rubans.

Besson frères, St-Didier-la-Seauve.
Brioude et Ce, Tence.
Colcombet et Ce, St-Didier-la-Seauve
David frères, Dunières.
Dufour et Ce, St-Just-de-Malmont.
Descours (H.), St-Paul-en-Cornillon
Donzel, Dunières.
Ferriol, St-Didier-la-Seauve.
Foujols et Ce, St-Just-de-Malmont.
Guitton-Nicolas et Ce, Riotort.
Mourrier, Monistrol.
Sarda (A), St-Didier-la-Seauve.

Fabrique de Galons.

Verdier. Crépet et Ce, St-Didier-la-Seauve.

Loiret

Filature et bourre de soie pour damassés, passementeries et gilets.

Ch. Révil et Ce, (dépôt à Paris chez Delon et Raimbert frères, et à Lyon chez L. Olph-Gaillard et Ce).

Lozère

Production en cocons concentré aux environs de Florac : 1869, 109.000 kilos. — 1870, 175.000 kilos. — 1871, 72.000 kilos.

Filateurs.

Deshours, St-Etienne-en-Vallée française.
Lafont, St-Etienne-en-Vallée française.
Pic, Ste-Croix-de-Barre.
Silhol, St-Germain-de-Colberte.
Valeroze, St-Martin-de-Bourbeaux.

Nord

Marchand de soie.

Phalempin (veuve E.) et Ce, Lille.

Filateurs de déchets et bourre de soie.

Blondeau-Billet, Lille.
Lepoutre-Parent, Roubaix.

Fabricants de Roubaix (1).

Bonnet (J.).
Bodin (R.) et Ce.
Bulteau frères.
Catteau (A.)
Catteau (P.).
Cordonnier (L.).
Decotteigné-Bazin.
Delattre (Ch.) père et fils.
Deschamps-Desrousseaux.
Florin L. et L.
Harinckouke et Cuvelier.
Heyndrickx, Dormeuil (veuve).

(1) Il va sans dire que nous ne donnons ici que les fabricants qui emploient la soie dans une notable proportion.

Lagache (J.).
Lefebvre (Norbetr).
Lefebvre, Ducatteau frères.
Lepoutre-Pollet.
Réquillart et Florin.
Scripel et fils.
Segard et Ch. Fraisse.
Vanoutryve et Ce.
Wattine (J.).
Wattine (L.).
Wattel (Flor.).
Wibaux (H.)
Wibaux-Motte.

Oise

Beauvais

Passementeries pour meubles.

Morin (Th.-G.).

Retordeurs de soie.

Barbant, Ercuis.
Breton, Ercuis.
Capon, Ercuis.
Fournier, Ercuis.
Lebrun, Halloz.
Moulin, Ercuis.
Rennevilliers, Ercuis.
Toussaint (V.), Ercuis.
Toussaint (Z.), Ercuis.
Varé, Ercuis.

Fabr. de soie à coudre.

Beauvilain, Chambly, maison à Paris
Torne (C.), Puiseux-le-Hauberger.
Vacquez-Fessard, Crouy-en-Thelle, maison à Paris.

Fabr. de cordons de soie.

Auchois, Morangles.
Breton, Neuilly-en-Thelle.
Carrette, Puiseux-le-Hamberger.
David, Neuilly-en-Thelle.
Delaville, Crouy-en-Thelle.
Drani, Morangles.
Drouet (J.), Neuilly-en-Thelle.
Drouet (P.), Neuilly-en-Thelle.
Drouet (A.). Neuilly-en-Thelle.
Fouveroy, Crouy-en-Thelle.
Henneguy, Neuilly-en-Thelle.
Hour, Crouy-en-Thelle.
Langlois, Neuilly-en-Thelle.
Lemaire, Crouy-en-Thelle.
Mansard (E.), Neuilly-en-Thelle.
Mansard (J.), Neuilly-en-Thelle.
Mansart, Crouy-en-Thelle.
Mutin, Neuilly-en-Thelle.
Petit, Neuilly-en-Thelle.
Rivost, Neuilly-en-Thelle.
Réty, Neuilly-en-Thelle.
Semaire, Morangles.
Vart, Neuilly-en-Thelle.

Marchands de soie.

Baardelle, Neuilly-en-Thelle.
Dufay, Neuilly-en-Thelle.
Gourlan-Bonnefoy, Neuilly-en-Thelle
Picquefeu (V.), Neuilly-en-Thelle.

Filateur.

Chilliat (Ed.), Neuilly-en-Thelle, maison à Paris.

Paris

Condition des soies et des laines, 21 r. Notre-Dame-des-Victoires. — Directeur, M. Jules Persoz.

Soies teintes et écrues.

Amédée Charpentier, boul. Sébastopol, 75.
Auger et Arondelle, r. St-Denis, 200.
Armandy, r faub. Poissonnière, 9.
Arondelle, r. St-Denis, 159.
Auguste et Vallet, r. St-Joseph, 11
Barbier (A.), r. du Caire, 33.
Baronnat (veuve), b. Sébastopol, 93
Barron et sons, r. Turbigo, 5.
Bateman, r. Thévenot, 25.
Bazin, b. Greneta, 37.
Beauvilain, r. St-Denis, 153.
Berger, r. d'Enghien, 7.
Bergeron, r. du Temple, 74.
Biraud, r. St-Denis, 289.
Blot, r. de Bondy, 62.
Boufflet, r. Thévenot, 34.
Briffaud, q. de Grenelle, 51.
Burlat, b. Bonne-Nouvelle, 28.
Canoville (A.), b. Sébastopol, 89.
Carton (A.), r. du Caire, 10.
Castillon et Ce, r. Petit-Carreau, 13.
Chamoux et Loyer, b. Sébastopol, 45
Chardin (E.), r. St-Denis, 175.
Chilliat (Ed.), r. St-Denis, 127, 129
Clermont (de), r. Mazagran, 9.
Cohué (A.), b. Sébastopol, 82.
Corpet, r. Turbigo, 27.
Creton et Ce, pass. Saulnier, 19.
Darras (E.), r. St-Denis, 272.
Debacq (A.), r. St-Denis, 124.
Delcourt (Ach.), b. Sébastopol, 87.
Delon et Raimbert frères, r. faub. St-Denis, 24.
D'Hostel, b. Sébastopol, 107.
Dotte (Eug.), r. Turbigo, 23.
Du Motel (E.), r. St-Sauveur, 3.
Faure, r. St-Denis, 369.
Flamini (G.), r. Thévenot, 8.
Fromentin (L.) et Sarrasin, b. Sébastopol, 48.
Genet et Ce, r. Turbigo, 23.
Gerin, r. St-Joseph, 3.
Germain père et fils, r. de l'Echiquier, 32.
Getz et Dervieux, r. Hauteville, 26.
Gillet (A.) et J. Maignand, b. Sébastopol, 47.
Gimbert (J.), r. St-Denis, 140.
Gottschalk et Ce, faub. St-Martin, 76
Guenot et Dubois, r. St-Denis, 277
Gurney et Wilson, r. Petites-Ecuries, 28.
Guttinger (H.), r. Hauteville, 15.
Hamelin fils, avenue de Messine, 26.
Hecht-Perdricau, r. Richer, 1.
Hesse (Ad.), r. Hauteville, 22.
Hirsh, r. Borda, 4.
Horaist, r. faub. Poissonnière, 7.
Huc (A) fils, r. Tracy, 5.
Jacques (J.), r. St-Denis, 159.
Jaricot (veuve), b. Sébastopol, 55.
Lenoir (L.) et P. Legendre, rue Réaumur, 55.
Lister et Ce, r. Thévenot, 8.
Maquaire (A.), b. Strasbourg, 5.
Marais, r. Réaumur, 76.
Mezières (Henri), r. St-Denis, 277.
Michaud-Jolly, b. Sébastopol, 14.
Michel-Colombet, r. Rambuteau, 64
Perrot et Harent, b. Sébastopol, 97.
Peltereau (H.), r. du Sentier, 26.
Piquefeu (V) et fils, b. Sébastopol, 40
Pinson (Eug.), r. du Caire, 13.
Pipaut (C.), r. d'Hauteville, 12.
Plailly, r. Turbigo, 18.
Plébeau (J.), r. Aboukir, 92.
Quesnel, r. Greneta, 43.
Raffard, r. St-Denis, 374.
Rhodé (E.) et Ce, r. du Caire, 2.
Robert (C.), r. Turbigo, 8 bis.
Rogelin (Eug.), r. Poissonnière, 13.
Royer, Roux et Durot, r. du Caire, 30
Salomon frères, r. d'Enghien, 46.
Salomons (L.) et Ce, rue de l'Echiquier, 22.
Sylvestre (A.), r. St-Sauveur, 48.

Tapin (Léon), b. Sébastopol, 54.
Thierry (Henry), b, Sébastopol, 77.
Vaquez-Fessart, r. St-Denis, 223.
Vernier et F. Latour, r. de l'Echiquier, 4.
Viel et Helaine, r. de l'Echiquier, 40.
Villeneuve (F.), r. St-Sauveur, 50.
Viller (Léon) et Ce, b. Sébastopol, 96 et 98.
Wahl (A.), cité Trévise, 5.
Weil et Ce, r. du Caire, 12.

Soie (étoffes de) en gros.

Chambre syndicale du commerce et de l'industrie des tissus et des matières textiles, rue Pagevin, 48.
Aine (A.), pl. Vendôme, 1.
Akar, r. de Cléry, 19.
Andry, Chatel et Ce, r. Montmartre, 101.
Auger et Morel, r. St-Lazare, 2, 4 et 6.
Auguet et Lefèvre, r, du Temple, 36
Babé, Lainé et Charier, rue de Rivoli, 102.
Bacuel et Pognon, r. Vivienne, 48.
Balmont et Ce, r. Neuve-des-Petits-Champs, 35.
Bardey, r. Aboukir, 54.
Bardin et Bourgeois, r. de Cléry, 4.
Baugillot, r. St-Denis, 248.
Bayard (Louis), r. du Temple, 51.
Baudoin, r. de l'Echiquier, 22.
Beisson, r. Thévenot, 19.
Bélissont cousins, r. Grange-Batelière, 13.
Berger, r. Mandar, 5.
Berteaux et Radou, r. Aboukir, 10.
Billwiller, r. Hauteville, 44.
Block (Edouard) et Ce, r. Aboukir, 89
Block (W.)., r. Montmartre, 95.
Boucher neveu, r. du Mail, 27.
Bouchot (F.), et A. Lemaire, b. Sébastopol, 97.
Bouilliette, r. Vivienne, 36.
Bourcard et Neyler, r. N.-D.-des-Victoires, 16.
Bourgeois (B.), r. de Cléry, 4.
Bourgeois (E.), r. de l'Echiquier, 27.
Bourhis Jourdan et Ce, r. Montmartre, 122.
Boyriven frères, r. Le Peletier, 37.
Brochot et Lavesvre, r. du Mail, 20, 22 et 24.
Brun, r. du Temple, 53 et 55.
Cadot, Prévost, Maille et Ce, rue Aboukir, 14.
Carlhian et Louvet, r. du Sentier, 26
Carpentier frères, St-Germain et r. Bourdonnais, 37.
Cartier fils, r. Richelieu, 75.
Chaillot (A.), b. St-Martin, 31.
Chaisemartin et Hoessner, pl. des Victoires, 6.
Chanudet (J.), r. Palestro, 15.
Chartier et Ce, r. de Clery, 13.
Chas, Fournier, Lanxade et Ce, pl. des Victoires, 5 et 7.
Cherut, Denis et Ce, r. St-Denis, 193
Chesnay et Ce, r. Montmartre, 80.
Chicotot (André), r. Rambuteau, 77.
Cointreau-Berrurier, r. Monsigny, 15.
Collin (Ch.), r. Quatre-Septembre, 6
Compagnie Lyonnaise, b. des Capucins, 37.
Corsi et Ce, r, Rambuteau, 64.
Cosson, r. Molière, 37.
Coste (J.), r. Aboukir, 3.
Cremnitz (L.), r. Béranger, 15.
Croué et Gillier, r. de la Grange-Batelière, 12.
Dalsème (L.), r. St-Marc, 21.
Dalsème (M.) jeune, r. Chauchat, 9
Danguy, r. Turbigo, 28.
Dawant et Ce, r. Coq-Héron, 7.
Debray, r. Tronchet, 2.
Decauville, r. des Jeuneurs, 26.
Delacarlière et de Lamarre, r. Richelieu, 64.
Delattre et Lizé, r. Vivienne, 31.
Depierre, Vergne et Roubaudi, r. du Quatre Septembre, 7.
Devenne frères, r. Joquelet, 3.
Dobilly, r. St-Martin, 239.
Dolbin, r. Montmorency, 44.
Dorbec, frères, r. Lafeuillade, 6.
Doucerain, r. Notre-Dame-de-Lorette, 53.
Drevet et Ce, faub. Poissonnière, 11.
Dreyfus frères, r. Montmartre, 72.

Drouet et Pevet, r. de la Banque, 18.
Ducelier jeune, b. Sébastopol, 55.
Dumas (G.), b. Sébastopol. 44.
Dumas (C.), r. Aboukir, 15.
Duplan et Ce, r. Richelieu, 75.
Dupont (E.) et Pierret, r. Notre-Dame-des-Victoires, 28.
Eude, r. de Mulhouse, 2.
Farcy et Bachelier, r. Vide-Gousset, 2
Fleurot, cité Trévise, 14.
Flobert et Ce, r. de la Paix, 10.
Forcinal et Locard, b. Sébastopol, 55
François et Laurent, r. de Cléry, 9.
Gagelin, r. Richelieu. 83.
Gagnet et Ce, r. Montmartre, 126.
Gaillard et Ce, r. Thévenot, 24.
Ganeval (veuve), Brun et Ce, r. du Mail, 14.
Gangnat et frères, rue du Quatre Septembre, 19.
Garnier, r. Aboukir, 17.
Gasteau, r. du Sentier, 23.
Girerd et Ce, r. Aboukir, 6.
Gombrich (A.), b. St-Denis, 19.
Graffeuille et neveu, rue Petit-Carreau, 14.
Grellou (H.), r. Rambuteau, 84.
Guibey, r. Coquillière, 40.
Guibout et Ce, b. Sébastopol, 44.
Hallard et Martin, b. Sébastopol. 68
Hamel et Paquy, r. des Jeuneurs, 48
Henneguy et Ce, r. St-Marc, 28.
Henry, r. Montmartre, 161.
Hepp et Brodbeck, r. d'Enghien, 22.
Herbez et Bouché, r. Croix-des-Petits-Champs, 38.
Hérisson, pl. des Victoires, 1.
Hervieu et Potard, b. des Italiens, 27
Hirtz, Lévy et Ce, p. de l'Ancre, 24.
Hoschedé, r. Poissonnière, 35.
Huber (E.) et Ce, pl. des Quatre fils, 20.
Jahn et Plainemaison, r. de l'Echiquier, 38.
Jodon frères, b. des Italiens, 34.
Jubin (A.), r. Greneta, 7.
Kalesky, r. du P.-Louis-Philippe, 15
Kauffmann frères, r. Aboukir, 14.
Klotz (J.) et A. Lévy, r. St-Sauveur, 69.
Klotz jeune, pl. des Victoires, 2.
Lachard frères, pl. des Victoires, 2.
Lacour et Pottier, b. de la Madeleine, 21 et 23.
Lamberton, r. Poissonnière, 20.
Lamy et A. Giraud, r. Montmartre, 155.
Larue et Ce, r. de Rivoli, 16 et 18.
Lebel, Mahieu, Fouilloy et Ce, r. Rambuteau, 124.
Leclerc, f. Montmartre, 19.
Leconte, r. de Provence, 69.
Lemarley, r. d'Enghien, 25.
Lentheric, b. Sébastopol, 53.
Lépine, b. Sébastopol, 16.
Lévy (A.), r. Rambuteau, 24.
Londe frères, Poirier, Rappin et Ce, pl. des Victoires, 3.
Louis jeune, r. Hauteville, 12.
Louvet, r. Vivienne, 10.
Lubin, Lévy et frères, 40, r. des Jeûneurs.
Mahler, r. Dupuis-Bérenger, 7.
Maignien (V.), r. de la Banque, 14.
Maire, r. N.-des-Petits-Champs, 55.
Malherbes, r. Montmartre, 128.
Mantou, r. des Quatre-fils, 18.
Marcellin, imp. Mazagran, 8.
Marcilhacy, Arbelot et Ce, rue Vivienne, 20.
Mareille, r. Ste-Anne, 46.
Marie, r. de la Banque, 1.
Marix-Picard, r. Aboukir, 60.
Martin (J.-B.), r. du Temple. 174.
Massing frères, r. du Grand-Chantier, 7.
Massing (P.) et Ce, r. du Temple, 115
Mathieu, rue Notre-Dame-des-Victoires, 32.
Mathieu et Garnot, boulev. Poissonnière, 20.
Mayer, r. Hauteville, 44.
Maxein, Loussel et Ce, boul. Sébastopol, 50.
Méquillet, Noblot et Ce, r. Aboukir, 44.
Mignot et Caill, b. Sébastopol, 55.
Meyberg, r. faub. Poissonnière, 40.
Mill et Ce, r. du Mail, 27.

Milhomme, r. Gaillon, 11.
Miquel, r. N.-des-Petits-Champs,83
Montaillé, f. St-Honoré, 27 et 29.
Monteix et Delechenaut, r. Rambuteau, 14.
Morand oncle et neveu, r. Cléry,25
Morel. r. N.-des-Petits-Champs,29.
Moret et Payen, r. de Cléry, 9.
Munch et Ce, r. Richelieu, 52.
Muron et Bunel, r. du Quatre-Septembre, 9.
Naillod, r. de l'Echiquier, 29.
Neuville, Mas et Saunois, rue du Mail, 7.
Niclot, r. du Temple, 52.
Opigez-Gagelin fils, r. Richelieu,83
Osmont et Vallée, r. Montmartre,129
Oudard, Girard et Ce, r. N.-D.-des-Victoires, 26.
Patriau et Ducrocq, rue de l'Echiquier, 12.
Pelissié, Beau et Ce, rue St-Martin, 199.
Peronne, r. Aboukir, 27.
Piotot, r. Drouot, 2.
Pinaut et Engelhard, rue Richer, 10 et 12.
Pitou et Dreux, r. Neuve-des-Petits-Champs, 46.
Pla (M.), b. Sébastopol, 37.
Planus r. Forges, 6.
Pouquet, rue Neuve-des-Petits-Champs, 27.
Prin, r. Richelieu, 60.
Raimon, Rappe et Ce, r. du Quatre-Septembre, 19.
Rajon, b. Sébastopol, 83.
Rattier et Roche, r. Richelieu, 62.
Renault, Bussières et Chaussier, pl des Victoires, 7.
Revenel jeune,, r. Greneta, 7.
Ris et Stransky, r. Montmartre, 111.
Robert, r. de la Banque, 16.
Roussilhe, r. Thevenot, 14.
Rouzier, Escoffier et Ce, rue Vide-Gousset, 2.
Roy jeune, r. Feydeau, 24.
Sambon r. Ste-Anne, 57.
Sandrier, r. Montmartre, 109.
Sauvage frères, r. Vivienne, 16.
Savoye, r. Montmartre, 146.
Schneebelli frères, r.d'Aboukir, 15.
Scheneider et Lies, r. Thevenot,23.
Schulle, r. du Caire, 51,
Simon (H.) fils, r. Mandar, 7.
Simon (R.), rue Neuve-des-Petits-Champs, 42.
Tabourier, Perreau et Bisson, rue Aboukir, 6.
Talamon fils et Ce, r. Richelieu, 64.
Tillinac et Chanal, r. Réaumur, 76.
Vail et Ce, r. Dupetit-Thouars, 11.
Verneaux et Ce, b. Sébastopol, 115
Verrier (A.), r. Blancs-Manteaux,40
Vignaux et Labit, r, des Francs-Bourgeois-Marais, 34.
Villy, b. Sébastopol, 38.
Vuillet, r. de Rivoli, 8 et 10.
Walter et Ce, pl. des Victoires, 4.
Waroquet et Chéron, r. du Mail,23
Weber et Ce, cité Trévise, 12.
Weil (J.-L.), r. St-Honoré, 87.
Weil et Ce, r. du Caire, 12.
Weil (J.), r. J.-J. Rousseau, 62.

Filatures de soie.

Delon et Raimbert frères, faub. St-Denis, 24.
Deribeaucourt et Reichenbach, r. du faub. Poissonnière, 25.
Faure, r. St-Denis, 369.
Fromentin, r. de Flandre, 11.
Hirsch (J.), r. Borda, 4.
Hubner (E.), q. Jemmapes, 132.
Imbs (J.), q. de Puteaux, 47.
Langevin et Ce, r. St-Sauveur, 48.
Lister et Ce, r. Thevenot, 8.
Pauchon, r. Ménilmontant, 10.
Révil et Ce, r. faub. St-Denis, 24.
Ritaud-Plataret et Ce, r. St-Maur-Popincourt, 74.
Thierée, r. Notre-Dame-de-Nazareth, 50.
Thierry (H.), r. de Flandre, 55.
Vaquez-Fessard, r. St-Denis, 223.
Vest et Ce, r. Thevenot, 8.
Viel (L.) et Ce, r. de l'Echiquier, 40
Villeneuve, r. St-Sauveur, 50.

—

Puy-de-Dôme

Production : 2.000 kilos de cocons pour les bonnes années.

Mouliniers.

Armand, Ambert.
Gauthier, la Forie.

Pyrénées-Orientales

En 1752 la sériculture était florissante dans ce département ; il possédait 100.000 pieds de mûriers. En 1860, il n'en existait plus que 60.000 et, aujourd'hui ce nombre est d'environ 75.000.

Voici quelques-unes des récoltes de cocons :

1855	4.650 kilogr.
1866	5.700
1868	10.500
1869	13.890
1870	14.300
1871	16.200

Pas-de-Calais

Calais.

Marchands de soie.

Darquer, dépôts suivants ; Ouvraisons anglaises J.-B. Gill et Cᵉ de Nottingham, actuellement sous la raison sociale Watson et Cᵉ. Gréges des filatures Tessier du Cros, de Valleraugue (Gard), Guéry, de Sumène.
Devot (E.), commissionnaire en soie.
Dubout et fils, dépôt de bourres de soies filées de M. Fisher.
Musset, dépôt des soies gréges de Louis Martin.

Fabricants de tulles de soie.

Babey (Ch.) et commissionnaire.
Bourlet.
Cauchoir et Petit.
Dubout aîné et fils.
Fourgaut.
Herbelot.
Le Dô (veuve).
Lestrade et Dorival.
Sarazin Louis.

Commissionnaires en tulles.

Leroy fils.
Philippi.
Sarazin et Montfort.
Stubs.

St-Pierre-lès-Calais.

Négociants en soies.

Astorg (Ad.), dépôt de Galtier frères, de Ganges.
Austin frères, dépôt des ouvraisons de Gower de Londres.

Barbare et Denquin, ouvraisons anglaises et bourres de soies filées de Windley et Barwich, de Nottingham ; soies gréges de Dumas et Martin, de Lassalle.
Boucher et Belz, soies d'Italie.
Beaugeois.
Boin-Malbaux.
Canler, dépôt des bourres de soies, de Thompson et des gréges de Cabannes, Meyrueis de Gouges.
Cartwright, commissionnaire en soies anglaises.
Craith, (J.) et Cox.
Couard (veuve) et Butez, dépôt des ouvraisons de Wright et Ce, de Derby.
Deschamps, dépôt des bourres de soies de John Hadwen et Sons d'Halifax, soies des Cévennes, et d'Italie dépôt des cordonnets de soies à coudre de veuve Jaricot et fils, de Lyon, dévidage des soies gréges et ouvrée.
Goldschmids et Brouttier, commissionnaires en soies filées et en gréges d'Italie.
Minne, commissionnaire.
Neyme, dépôt en grége de Boudon, de St-Jean-du-Gard.
Rembert, dépôt de bourres de soie de Gurney et Wilson et des gréges de Laporte et Ce, du Vigan (Gard).
Ridoux frères, dépôt des gréges de E. Rocheblave, d'Alais.
Lowenstein, Polack et Ce.
Sergeant.
Stevenson, dépôt des ouvraisons anglaises de Patterson, des bourres de soie de Hinde et Ce, de Lancaster, des gréges de Brouilhet et Beaumier, du Vigan.
Testelin, commissionnaire.
Thompson, dépôt des gréges de Colas, de Caen.
Tourret-Petit, bourre de soie de Brochlehurst et gréges de Dussol de Sumène.
Watré et Hénon, dépôt de bourre de soie de Lepoutre-Parent, de Roubaix, et des gréges de filatures des Cévennes.

Fabricants.

Arnett.
Austin et Lateux.
Bacquet père et fils.
Bartsch.
Banquart.
Banquart et Austin.
Barthet.
Bélart.
Berrier frères.
Bibloque et Ce.
Bimont et Ce.
Blanquart.
Bonvoisin frères.
Bourré.
Bourré (J.).
Beutenjen.
Boulroy.
Bratby.
Brochot et Lavesvre.
Brouttier.
Brown.
Cadart et Carré.
Caderas-Rault.
Capelle.
Carpentier.
Cazin et Noyon.
Champaillier.
Chevalier.
Cordier frères.
Cordier et Leroy.
Corte (veuve) de.
Cotrez.
Coudelle et Maubert.
Crassier et Ce.
Crespin fils.
Crèvecœur.
Dagobert fils.
Darras-Vaillant.
Davron.
Dauchard père et fils.
Deguines-Lebeurre.
Delplace.
Delplanque.
Deroeder.
Dhilly.

Dreuille frères.
Ducrocq et Deras.
Ducrocque-Lefebvre.
Ducros-Harlin.
Duvivier.
Farrands frères.
Fourgant.
Fourmentin et fils.
Frances frères.
Gaillard (H.) père et fils.
Gaillard (J.) père et fils.
Galoppe et Tragin.
Gavel père.
Gaudry.
Gellé et Binaux.
Gounsard et Cordier.
Gouzian.
Hall frères.
Hartshorn et Arnett.
Hochedé.
Honette.
James (S).
Jame-Léonard.
Lainguel.
Landry.
Laurent.
Lebas-Hernelé.
Lebas et Leclercq.
Lecomte et Ce.
Leduc.
Lefebvre (T,)
Legrand-Cardon
Legendre.
Leleu aîné.
Leleu-Fermant.
Lelièvre.
Lemaire.
Lemaître.
Leroux frères.
Lestrade et Dorival
L'Heureux.
Marcellin-Vernalde.
Maniez et Hembert.
Maxton (J.).
Maxton (W.).
Mead.
Mercier (J.).
Merlen.
Messeant.
Mignien (Ch.).
Morel.
Mullié et Ce.
Nead.
Olliver fils.
Oswin.
Pierru.
Pion et Alliod.
Pouilly.
Prilliez.
Rault et Bruyères.
Rovisso.
Rebière (F.).
Renaubert et Pruvost.
Revel (E.).
Richez (H.).
Richez (L.).
Richez-Oswin.
Ridoux frères.
Sailly.
Sainsart et Foullet.
Sarazin (L.).
Sergent.
Seyr (E.).
Seyr (O.).
Shepert.
Sirouet.
Soubitez.
Taphan frères.
Tillier.
Tirmarche et Ce.
Thorez.
Touret père et Drouat.
Tourneur (H.).
Trouille.
Vaillant-Lemaître.
Valdelièvre et Lebas.
Valois et Renard.
Venelle.
Vidal.
Virquenoy-Thorez.
Webster frères.
West (R.).
Yates et Ce.

Moulinier.

Neyme, Nordausques, près la Rescousse.

—

Rhône

Quelques statisticiens ont beaucoup exagéré la production en cocons de ce département. Selon M. E. Duseigneur, cette production, même dans les meilleures années avant la maladie, n'a jamais dépassé de 35 à 40.000 k. Du reste, l'espace complanté de mûriers ne s'élève tout au plus qu'à une trentaine d'hectares.

La récolte de 1871 a été de 11.420 kilos produits par 976 onces de graines.

Tissage d'étoffes de soie.

Binder, l'Arbresle.
Geay, l'Arbresle.
Gonin, l'Arbresle.
Bazin, St-Laurent-de-Chamousset.
Bourget, St-Laurent-de-Chamousset.
Millioz, La Muré-sur-Azergue.

Foulards.

Pierron, St-Clément-sous-Valsonne.
Pradel (Cl.), —

Fabr. de rubans.

Balay, St-Genis-l'Argentière.
Peuvergne frères. —

Fabr. de soie à coudre.

Jaricot (veuve et fils), Vourles.

Broderie sur tulle.

Dognin et Ce, Condrieu.

Mouliniers.

Chaire, Givors.
Michel frères, Givors.

Filateurs.

Quentin fils, Villeurbanne.
Sauzet, Faizin.

Fabr. de peluche.

Brisson (E. et G.), Tarare.
Martin (J.-B.). Tarare.

Saône-et-Loire

Fabrique d'étoffes de soie.

Accary neveu, représentant diverses maisons, Chauffailles.
Accary oncle, représentant diverses maisons, Chauffailles.
Amour, représentant diverses maisons, la Clayette.
Chamfray (A.), représentant Lacroix-Martin, Chauffailles.
Charlin, représentent Al. Giraud et Ce, Chauffailles.
Chetail, représentant diverses maisons, Tourron.
Déal, représentant diverses maisons, Châteauneuf.
Dumortier, représentant Vincent et Charlet, St-Just-de-Roche.
Faure, représentant Dufêtre père et fils, Chauffailles.
Foussemagne, représentant diverses maisons, Chauffailles.
Maucorgé, représentant diverses maisons, Coublanc.
Nicolas, représentant Guinet, Chauffailles.
Pelletier, représentant Jaubert-Lyons Audras, St-Just-de-Roche.
Poyet frères, représentant diverses maisons, Chauffailles.
Vivier, représentant Guéneau, Chauffailles.

Mouliniers.

Colombet, St-Maurice-lès-Chateauneuf.
Chamfray frères, St-Maurice-lès-Châteauneuf.

Somme

Négociants en soie.

Beauval et Mirabel-Chambaud.
Busscher (de), Amiens.
Delisle-Mille et Cᵉ, Amiens.
Devienne et Delarozière fils, Amiens
Eloy, Amiens.
Feslton (A.) fils, Amiens.
Fussien frères, Amiens.
Gamand frères, Amiens.
Jumel, Granger et Cᵉ, Amiens.
Lancel, Amiens.
Levasseur (A.) fils, Amiens.
Lelièvre (veuve) et fils, Amiens.
Rouart, Amiens.

Filateurs de bourre de soie.

Collet-Lefrancq, Amiens.

Fabricants d'étoffes dites d'Amiens (mélangées de soie).

Aclocque-Ferré, Amiens.
Adam-Mommert et Caudron, Amiens.
Andrieu, Amiens.
Andrieu-Blot, Amiens.
Barbier et Fonquerelle, Amiens.
Barbier-Lequien fils et Cᵉ, Amiens.
Bazille fils et Wallet, Amiens.
Beauvais, Amiens.
Bellard, Amiens.
Bernaud-Laurent, Amiens.
Bernaux fils, Amiens.
Binard (Ed.), Amiens.
Bonvallet, Amiens.
Boquet et Cᵉ, Amiens.
Bougon, Amiens.
Briaux et Bourier, Amiens.
Bulan, Amiens.
Caille-Degand et fils, Amiens.
Caille-Drevelle, Amiens.
Calais-Poussart, Amiens.
Coin et Cᵉ, Amiens.
Collet, Dubois et Cᵉ, Amiens.
Coquart (veuve) et Mollet, Amiens.
Crappier, Amiens.
Cresson fils, Amiens.
Dauchel aîné et Cᵉ, Amiens.
Darras-Villaumont fils et Hubault.
Decaix et Villin, Amiens.
Deligny, Amiens.
Dequen, Amiens.
Dompierre-Loisel fils et Cᵉ, Amiens.
Dufour-Delahaye fils, Amiens.
Durand père et fils, Amiens.
Eude, Vieugué et Cᵉ, Amiens.
Famechon (veuve), Amiens.
Fiquet-Thuillier et fils, Amiens.
Fournier frères, Amiens.
Fuzillier et Cᵉ, Amiens.
Gamounet frères, Amiens.
Govin-Vasseur et Cᵉ, Amiens.
Guichard-Ancel, Amiens.
Guidée, Amiens.
Guimbert, Amiens.
Hazart et Rayez père et fils, Amiens.
Hecquet, Amiens.
Horville-Darly, Amiens.
Huré-Maillard, Amiens.
Joly-Dehaut, Amiens.
Jourdain, Amiens.
Jumel et Desavoye, Amiens.
Justin-Darras, Amiens.
Labat, Amiens.
Labbé, Amiens.
Larozière et Cᵉ, Amiens.
Lavallard et Cᵉ, Amiens.
Lavallard, Choquet et Cᵉ, Amiens.
Lefèvre et Cᵉ, Amiens.
Leroy frères, Amiens.
Leuillier, Amiens.
Loyer-Desgroux et Cᵉ, Amiens.
Magnez, Amiens.
Maillard-Hordé, Amiens.
Malliavin et Cᵉ, Amiens.
Masson et Caille, Amiens.
Maurice et Picard, Amiens.
Mille-Gensse, Amiens.
Minotte, Amiens.
Mollet-Desjardins et Cᵉ, Amiens.
Mollet (Vulfran), Amiens.
Mollet-Fortin et Cᵉ, Amiens.
Moullart, Amiens.
Oger, Amiens.
Onfray et Cᵉ, Amiens.
Payen et Cᵉ, Amiens.

Péchon et Ce, Amiens.
Percheval et Ce, Amiens.
Piquée et frères, Amiens.
Poitron et Ce, Amiens.
Ponche-Bollet et Adam, Amiens.
Ponthieu-Herbet et fils, Amiens.
Pourchelle, Amiens.
Renart, Amiens.
Renouard, Amiens
Roy-Guibet, Amiens.
Sauvage-Moullart et fils, Amiens.
Savoye, Amiens.
Trancart fils, Amiens.
Trancart-Dubois, Amiens.
Trenet, Amiens.
Vagniez-Fiquet et Ce, Amiens.
Vasseur et Ce, Amiens.
Vasseur (veuve), Amiens.
Wallet jeune et Ce, Amiens.

Retordeurs de soie.

Cressin (Ch.), le Hamel.
Dufourmantelle et Ce, Corbie.
Masse et Cressin fils, Corbie.
Milvaux-Bazille, Amiens.

Tarn

La sériculture dans ce département date de 1590 environ. Pendant la surintendance de Colbert, en 1664, des filatures furent établies à Lavaur, et, un siècle plus tard, des métiers de diverses espèces d'étoffes de soie fonctionnèrent activement jusqu'à 1789.

En 1800 le Tarn possédait 38.000 mûriers.
1815 » 45.000
1830 » 69.000
1840 » 83.000

La production des cocons était en 1819 de 75.000 kilogr.

De 1840 à 1849, de 110 à 115.000 kilogr.

Depuis 1860 jusqu'à présent, le chiffre de la récolte a varié entre 28 et 30.000 kilogr.

Filateurs.

Bastié, Lavaur.
Cavaillé, Lavaur.
Frezouls, Lavaur.
Graves, Lavaur.
Lapeyrie, Lavaur.
Luscan, Lavaur.
Maraval et Ce, Lavaur.
Pillé, Lavaur.
Reilhac, Lavaur.
Rivière, Lavaur.
Salvignol, Lavaur.
(Le tout, environ 260 bassines.)

Tarn-et-Garonne

En 1869, ce département possédait environ 1.200 éducateurs et récoltait 23.000 kilogr. cocons.

Filateurs.

Lugol, Marty et Vidal, spécialité pour blondes et dentelles, à Montauban.

Souleil père et fils et Lavau, spécialité pour blondes et dentelles, à Montauban.

Var

Culture des mûriers : 1.480 hectares.

Avant la maladie, ce département, récoltait de 450 à 475,000 kilos de cocons, produits par 15 à 16.000 onces de graines.

De 1850 à 1853, ce chiffre tomba graduellement à 320.240 kilos et 165.000 kilos.

De 1853 à 1859, la moyenne fut de 120.000 kilos.

De 1859 à 1862, il remonte à 160.000 kilos.

De 1863 à 1864, à 240.000 kilos, en 1865, il redescend à 160.000 kilos, enfin en 1866 il revient à 360.000 kilos.

En 1867 et 1868, résultat moyen 175.000 kilos.

En 1869, récolte 365.000 kilos.

En 1870, récolte 362.000 kilos et rendement moyen de 20 à 21 kilos par once.

En 1871, le produit est de 454.000 kilos et le rendement de 24 à 25 kilos.

Filateurs.

Barret, le Muy.
Bonnet, Carces.
Brennot, le Muy.
Cabasson, Carces.
Caussemille, Draguignan.
Cézarin, Bandol.
Gaillardet frères, Draguignan.
Gérard fils, Cotignac.
Lieutard (A), Cotignac.
Lieutard jeune, aux Arcs et Cotignac
Thomas frères, le Muy.

Filateurs de déchets.

Cézarin, Bandol.

Vaucluse

Culture du mûrier : 4 millions de pieds d'arbres, répartis sur une superficie de 4.000 hectares.

Production en cocons : avant l'épidémie, ce département récoltait 1.250.000 kilos de cocons environ produits par 40.000 onces de graines.

De 1855 à 1865 abaissement de 1/4 à 1/3 environ.

En 1870 la récolte fut de 686.000 kilos de cocons produits par 44.000 onces de graines.

Avignon

Commissionnaires en soie.

Abric (L.).
Bon de Chabran et Ce.
Bigot (A.).
Carbonnel et fils.
Favre (Ch.) et Ce.
Franquebalme et Ce.
Granier (F.) et Ce.
Riqueau et L. Duprat.
Rioussct.
Thomas frères.

Négociants en déchets.

Abric (L.).
Bigot (A.).
Franquebalme et fils.
Joly (A.).
Muscat-Naquet.
Tiran fils et Cartou.
De Speyr.

Filateurs et mouliniers.

Anceu (L.).
Bérard père et fils (Ch.).
Bon de Chabran et Ce.
Carbonel et fils.
Colomb et Jaume.
Favre (Ch.) et Ce.
Franquebalme et fils.
Gamounet aîné (veuve).
Gat (F.-A.).
Goudareau, frères.
Monestier aîné et Ce.
Penne aîné.
Riqueau et L. Duprat.
Thomas frères.
Verdet et Ce.

Filateurs.

Charron.
Chastel (L.).
Demorte.
Félix (Th.) de.
Hurard.
Puy frères.
Ricard (veuve).
Rimbaud.

Filateurs de déchets.

Anceu (L.).
Champin.
Chastel (L.).
Dabray.
Dauvergne.
Franquebalme et fils.
Gamounct aîné (veuve).
Jouveau.
Marmet.
Montagnet.

Mouliniers.

Boyer (Th.).
Joly (A.).

Fabricants de soie à coudre.

Joly (A.) et Ce.
Mahistre, Rousset et Estanove.

Fabricants d'étoffes de soie.

Champagne, Humbert et Ce.
Monestier aîné et Ce.
Ricard (veuve).
Valens-Niel.

Commissionnaires en soieries.

Monestier aîné et Ce.
Thomas frères.
Valabrègue fils.
Valens-Niel.

Divers

Filateurs et mouliniers.

Aubéry, Valréas et Vaison.
Chastel fils et Rochas, Malaucène.
Chouvion frères, Malaucène.
Corsin, Visan.
Delaye (F.), Sérignan.
Delaye (veuve F.), Sérignan.
Gat (G.), Sorgues.
Guende, Cavaillon.
Imbert, Grillon.
Jouve (veuve), Cavaillon.
Jullien, Sérignan.
Meynard (Hilarion) et Ce, Valréas.
Moulin, Ménerbes.
Reynaud (F.), Courthezon.
Roman, Lourmarin.

Roustan, Valréas.
Villelongue, l'Isle.

Filateurs.

Alary, Cairanne.
Armand, la Tour-d'Aigues.
Aubenas, Valréas.
Auphan, le Sablet.
Avon, Cabrières.
Avy, Chomérac.
Barnoin, Malaucène.
Bénezet, Oppède.
Bérard aîné, Beaume-de-Venise.
Bérard jeune, Beaume-de-Venise.
Bimbeaud, Châteauneuf-Calcernier.
Blanc, Malaucène.
Blanc fils, Malaucène.
Bonnefoy frères, Bonnieux.
Bouvet, Oppède.
Boussot, Laurin-sur-Durance.
Bruneau, Oppède.
Buey, Grillon.
Causan; Oppède.
Chabert, Joncquières.
Colombe, Joncquières.
Dailhe (M.), Bollène.
Fraisse, Sarrians.
Gilles, Caromb.
Goirand, Cavaillon.
Grangier, Robions.
Gros (A.), Robions.
Guintrand, Caromb.
Isnard, Sorgues.
Lebrun, Vaison.
Martel, Piolenc.
Martin, Oppède.
Masse, Bédouin.
Maurice aîné. Beaume-de-Venise.
Maurice jeune, Beaume-de-Venise.
Meynard fils, Orange.
Monestier aîné, la Tour-d'Aigues.
Morier (F.), Carpentras.
Morier-Lotelier, Carpentras.
Nicolas, Pertuis.
Noury (veuve), Courthezon.
Pouleau fils, le Sablet.
Pélegrin (A.), Bollène.
Pélegrin père et fils, Bollène.
Pélegrin-Meynard (veuve), Bollène.
Quiot, Châteauneuf-Calcernier.
Sadaillant, St-Martin-de-la-Brasque.
Soumille, Sorgues.
Tacussel (A.), Vaucluse.
Tacussel (E.), Vaucluse.
Valette, Joncquières.
Violet, Bollène.

Mouliniers.

Armand (F.), Sorgues.
Armand (E.), Sorgues.
Audouard, l'Isle.
Authemann, l'Isle.
Bérud, Gadagne.
Bigot, l'Isle.
Blachier aîné, Sorgues.
Blachier cadet, Sorgues.
David, l'Isle.
Durand, l'Isle.
Gérard, l'Isle.
Gonnet et veuve Giraud, Sorgues.
Isoard, Cavaillon.
Latreille (veuve), Courthezon.
Mathieu, Vedènes.
Meynadier fils, Courthezon.
Michel aîné, Grillon.
Pila (S.). Bedarrides et l'Isle.
Renaud, l'Isle.
Tourel frères, Cavaillon.
Villon, Gadagne.

Commissionnaires en soie.

Anezin, Cavaillon.
Astran, Gigondas.
Bigot, l'Isle.
Bougard (J.), Valréas.
Derrive aîné, Cavaillon.
Desvaux, Cavaillon.
Deye, Cavaillon.
Durand-Bruyère, Valréas.
Eyries, Cavaillon.
Germain et Grand, Cavaillon.
Hubert, Cavaillon.
Meynard fils, Orange.
Pila (J.), l'Isle.
Renaud, l'Isle.
Silvestre, Cavaillon.
Vidan (veuve), Cavaillon.

—

ANNÉE 1871

Graines mises à l'éclosion et produit en cocons.

	Onces de graines et cartons.	Quantité en cocons. kilogr.
	—	—
Ain	1.892	32.034
Alpes (Basses)	4.342	127.525
Ardèche	175.365	1.940.194
Drôme	156.293	2.359.328
Gard	206.626	2.147.572
Hérault	21.650	260.000
Isère	33.456	579.812
Rhône	976	11.440
Var	18.547	454.345
Vaucluse	91.062	1.385.303
	711.209	9.297.608

Voici maintenant pour la même année 1871 *le rendement moyen en cocons et la proportion des graines indigènes.*

	Rendement moyen.	Proportion °/₀ des graines indigènes.
	—	—
Ain	16.3	85 °/₀
Alpes (Basses)	29.3	85
Ardèche	11.0	20
Drôme	15.0	22
Gard	10.3	17
Hérault	11.4	25
Isère	17.3	50
Rhône	11.7	70
Var	24.5	82
Vaucluse	15.12	25

Importations et exportations des soies ouvrées en France.

Années.	Importations.	Exportations.
1862	819.713 kil.	201.318 kil.
1863	922.066	199.742
1864	1.003.902	166.813
1865	928.300	196.688
1866	889.358	143.432
1867	994.600	163.491
1868	898.544	120.011
1869	1.364.371	116.552
1870	669.800	100.428
1871	1.306.500	41.940

Exportations des soies ouvrées de France.

	1862	1871
Allemagne	70.222 kil.	7.750 kil.
Suisse	82.572	3.612
Angleterre	24.529	22.556
Italie	14.724	7.789
Autres pays	9.271	10.233
	201.318	41.940

Tableau du mouvement de la Condition des soies d'Aubenas, Avignon et St-Etienne.

	Aubenas.	Avignon.	St-Etienne.
1869	387.560	198.902	526.638
1870	373.445	201.340	458.879
1871	473.876	225.167	676.662
1872	604.794	273.830	748.120

Alsace-Lorraine

Haut-Rhin

Fabricants de rubans.

Bary-Mérian (de) et fils, Guebwiller.
Mayer, Reguisheim.
Mérian et Cie, Reguisheim.

Filateur de bourre de soie.

Simon (Th.), Soulzmatt.

Marchands de bourre de soie.

Bernhein (le fils de Marc), Mulhouse.
Weiss (I.), Mulhouse.
Weiss (J.), Mulhouse.

Fabricants de tissus de soie.

Hermann-Brath, Thann.
Hermann (veuve G.) et Gœpfert, Thann.

Moselle

Fabricants de peluches.

Martin (J.-B.), Metz.
Massing frères et Cie, Puttelange.

ÉTRANGER

Allemagne

Exportation des soieries françaises en Allemagne.

Depuis 1868 l'exportation des soieries françaises en Allemagne n'a presque pas varié ; elle a été en moyenne de 300.000 kilogr.

Fabrique de Crefeld.

Voici des chiffres extraits des derniers comptes-rendus annuels publiés par la Chambre de commerce de Créfeld qui dispensent de tout commentaire.

En 1867, le nombre des métiers occupés par la fabrique de Créfeld pour velours et rubans de velours ou de soie était de 13,951 ; il s'était élevé à 17,600 métiers en 1870 et il a atteint 20,060 métiers en 1871. Le nombre des métiers de soieries pures et demi-soieries de toutes sortes s'est élevé de 6,498 en 1867 à 10,613 en 1870 et 12,016 en 1871.

La valeur des étoffes-produites a suivi naturellement la même progression en :

1867	14.976.478	thalers.
1870	20.573.731	»
1871	25.490.105	»

Les principaux pays de destination ont figuré dans ces chiffres pour les valeurs suivantes :

	1871 thalers	1867 thalers
Allemagne..........	9.548.820	6.217.696
Angleterre..........	8.677.035	5.054.837
France....	686.445	614.323
Autres pays d'Europe.	1.945.920	1.005.840
Pays d'outre-mer....	4.325.895	2.083.871
	25.490.115	14.976.477

Il ressort de ce tableau que la production de Créfeld a presque doublé depuis 1867 ; la France est celui de tous ses débouchés qui a la moindre part. Les pays transatlantiques accusent un accroissement d'exportation de plus du double.

C'est à la science des mélanges que l'industrie allemande doit surtout sa prospérité, et tout le monde sait que Créfeld s'est fait une spécialité de sa fabrication des velours schappes, tramé coton, dont il a conservé jusqu'à présent le monopole à peu près exclusif. L'emploi des matières inférieures y est poussé très-loin ; et pour ne citer qu'un exemple, les velours de basse qualité se fabriquent avec une schappe très-perfectionnée, une espèce de soie fantaisie qui a détrôné les organsins secondaires de Piémont, autrefois employés à cet usage.

Postes.

Prusse, 1er rayon (Provinces rhénanes, Bavière).

Lettres simples par 10 grammes	40	centimes.
» chargées, droit fixe	50	»
Echantillons par 40 grammes	10	»
Imprimés	10	»

Prusse, 2e rayon (le reste de la Prusse, Saxe).

Lettres ordinaires par 10 grammes	50	centimes.
» chargées, droit fixe	50	»
Echantillons par 40 grammes	10	»
Imprimés	10	»

Télégraphe.

Dépêche simple : Alsace-Lorraine	2	francs.
Prusse rhénane, Bavière, Bade et Wurtemberg	3	»
Le reste de l'Empire	4	»

Monnaies.

Thaler d'argent	3 fr. 75
Florin, argent	2 fr. 15
Kreutzer (cuivre)	» 3.57

Poids (de douane).

Quintal	50 kilogr.
Livre	500 grammes.

PROVINCE DE BRANDEBOURG

Berlin

Vaïsse jeune et Morel (maison à Saint-Quentin.

Fabricants de soieries.

Heese (F.-H.).
Schultze (G.-F.).
Baudouin (C.) et Ce.
Pehme (C.-W.).
List (Julius), Kœnigsberg s/Havel.

Divers

Négociants en soies.

Geinert, Potsdam.
Perlasca, Potsdam.

Fabricants de soieries.

Heinecke, Brandebourg.
Jost et Schutze, Brandebourg.
Kelm et List, Brandebourg.
Meyer fils et Ce, Brandebourg.
Paure et Benkendorff, Brandebourg.

Fabricants de rubans.

Zuchschwerdt et Schneider, Magdebourg.

PROVINCE DU RHIN

Crefeld

Fabricants d'étoffes de soie.

Audojer (P.) et Wolff.
Baumer (G.) et Ce.
Beckerath (Jac. von) et Joh. Sohn
Beckerath (C. et H. von).
Beindorff et von Beckerath.
Blasberg et Gartner.
Bohnen (Herm.).
Bohnen (J.).
Bohnen (Th.).
Borbach (W.).
Bovenschen (P.) Shœne.

Bretthal et Ce.
Bruck (H. vom) Sœhne.
Casaretto (F.-J.).
Dahl et Ce.
Deuss et Oetker.
Diepers et Reeve.
Ebeling et Ce.
Elfes, Andriessen et Weyermann.
Engelmann et Boley.
Floh (C et P.).
Florange-Hohmann.
Flunkert (Wilh.).
Forsbeck et Carty.
Finkh (Carl).
Goll et Frankle.
Greiff (de) et Schuermann.
Hauser (Ed.).
Hamacher (J.) junior.
Hagemann et Basken.
Hecker (Otto).
Herberg (Max) et Ce.
Hermes Gebrüder.
Hellings et Wanders.
Hertz (L.) Sœhne.
Hollender et Schellekes.
Hœninghaus et de Greiff.
Heynen (H.).
Janssen et Neuenhaus.
Jacobs (J.-H.) et Ce.
Jacobs et Duesselberg.
Jacobiny (G.).
Kamphausen (G.) et Ce.
Kaupe (F.-W.).
Kerkhoff (von den) et Kreitz.
Kamphausen (G.-A.).
Kniffler-Siegfried.
Klemme et Ce.
Kock (C.) et Huettemann.
Kœnigs (C.) et Ce.
Kueppers (L.) et Ce.
Kœnigsberger (G.) et Ce.
Krahnen et Gobbers.
Lauwenstein et Ce.
Meder (G.).
Metzges et Bretthal.
Meyer et Engelmann.
Meyer-Wolf (M.).
Mueller (F.-A.) et Ce.
Mertens (J.) et Ce.
Michels (Geschw.).
Nobbers (Geb.).
Palm (J.-G.).
Pastor (R.) et Ce.
Peill et Amels.
Peltzer Gebrueder.
Risler et Kerner.
Rüdenberg, Mastbaum et Ce.
Scheibler et Ce.
Schopen et ter Meer.
Schmitz et van Endert.
Schrœder (W.) et Ce.
Schramm et von Lumm.
Schmitz et von Weiler.
Schfflin (H.) et Ce.
Seyffardt et te Neues Nachfolger.
Seip (G.-A.) et Sohn.
Storck (P.) Sœhne.
Scheidt et von Beckerath.
Schrick et Enger.
Schüren et Corthum.
Schneider et Lies.
Schuchmann (Em.) et Stomps.
Scheidt (W.) et Ce.
Vollmeyer (J.-M.), Nachfolger.
Westen (von den) et Ce.
Weberling et Wanders.
Winkler et Debois.
Winnertz (J.-F.) et Ce.
Wintgens Gebrueder.
Schrœrs (G. et H.).
Remelé et Houben.
Kaufmann (L.) Sœhne.
Leven et Velder.
Barnstein et Classen.
Heimendahe et Ce.
Macskes et Remy.
Ophuls et Heil.
Gruen (J. et W.).
Heuse (E.).
Rademacher (B.) B. Sohn.
Reymann et Nolte.
Lucas (G.).
Dahl-Helgers.
Beeck (Ad.) et Ce.
Hertz (J.) junior.
Welter et Flunkert.
Wolfers (Phil.).
Klüppelberg (Johann).
Leendertz et Claus.
Spœr et Eckner.

Grueter (U.) et Ce.
Sanders et Peun.
Elten (von) et Keussen.

Bielefeld

Bœchmann et Wessel.
Delius (E.-A.) et Sœhne.
Krœnig (C. et Th.).
Kuithau et Schlossmacher.
Kuithan (H.).
Wachner Gebrüder.
Wertheimer Gebrüder.

Breyell

Beckmann et Luecker.
Klingen et Peuners.

Brueggen

Schopen (W.-H.).

Coln

Haanen (C.-Th.).
Bornheim (Paul).
Feldheim (A. et L.)

Duelkeln

Finbruecks (R.).
Keingen Gebrueder.
Gierlings et Contzer.
Mostertz (J.).
Pelters et Gœrtz.
Wuennenberg (Ed.).
Thum (J.-P.).
Thum (Th.) et Ce.
Wolff (C. et J.).
Hanssen et Pohlig.
Gierlings Gebrueder.
Hermges et Clemens.
Lensch et Ce.
Terkatz et Feldges.
Specken et Weyermann.

Fischeln

Dollbaum Gebrueder.
Pitsch (Johahn).

Geldern

Buschmann-Rothe.
Nettesheim (F. et C.).
Rœffs (Ph.) et Sohn.
Rœffs (Ant.).

Guetersloh

Bartels Gebrueder.

Grefrath

Kueppers (P. et J.).
Ebels et Schwartz.

Hilden

Kampf et Spindler.
Volmer et Becker.

Kempen

Pferdmenges (W.-H.).
Kounen (Isaac).
Erkes Gebrueder.
Nellessen (B.-A.).
Harten (H.).
Huyskens (F.).
Kleintitschen (J).
Heyer (W.) et Ce.
Dreyers (W.).

Lobberich

Bal (J.-L. de) et Ce, Nachfolger.
Niedick et Ce.
Mommers (Th.).

Langenberg

Colsman Gebrueder.
Hohagen et Pommeranike.
Feldhoff et Ce.
Hoddick-Coslman (F.).
Kœttgen Gebruder et Conze.
Kœttgen et Mueller.
Stein (W. et L.).
Bornemann (Fr.).

Mülheim s/Rhin

Andreae (C.)
Bau (J.).
Fischer Gebrueder et Ce.
Langstras (R.).
Steinkauler et Ce.
Schmidt et Ce.

Oedt

Pasch (P.-H.).

Odenkirchen

Wiedemann et von Eicken.

Suechtelen

Beusch (C.).
Endepols (Th.) Sœhn.
Rath et Dohr.
Kochs (A.) et Ling.
Rossié Gebrueder.
Thelen (W.).

St-Tonis

Hohnen (H.).
Albertz (H.).

Rheydt

Aretz (R.).
Bang (C.-C.).

Dilthey (W.) et Ce.
Bresges (W.) et C. Sohn.
Heymer (W.).
Junkers (Joh.).
Reink-Klingelhoffer.
Sohr Gebrueder.
Schiffer (J.-W.) junior.
Peltzer et Wittig.
Scheeren (J.-O.).
Tillenberg (C.).
Naber (O.).
Fischer (C. et A.).
Hagen (W. vom).
Butz (F.-W.).
Essers (H.).
Junkers et Felsenthal.
Hœrsen (W.).

Viersen

Duerselen Gebrueder.
Diergardt (F.) Nachfolger.
Dreel (F.-W.).
Denhard (Ed.) et Bender.
Houben (F.).
Forstmann (C.).
Kreuels et Better.
Lingenbrink et Vennemann.
Konnertz et Hottges.
Langen et Schaub.
Schaub et Heckmann.
Lingenbrink (W.).
Mengen (Ch.).
Neitzer (F.-W.).
Pickhardt et Schiffer.
Sasse (C.-J.),
Weyer Gebrueder.

Vorst

Kaiser et Ce.
Stickelbrucks et Lintgens.

Elberfeld

Berthold et Ce.
Blass Gebrueder.
Burchartz et Bingen.
Gebhard et Ce.
Glanz, Balcke et Strümpel.
Holthaus (W.) et Ce.
Krugmann et Haarhaus.
Lœwen et Nordsieck.
Niepmann (E.) et Ce.
Olfenius et Reimann.
Reimann et Meyer.
Schmits (J.) et Ce.
Meckel et Ce.
Schniewind (H.-E.).
Erben (J.-S.).
Weyerbusch (C.) et Ce.

Barmen

Bellingrath et Linkenbach.
Bernhard et Starke.
Brœgelmann et Bredt.
Dœsseler et Pleuser.
Ernst (J.-F.).
Gies (Johannes).
Halbach et Wolferts.
Heilenbeck (A.).
Heller (J.-P.).
Karthaus (C.) et Ce.
Kemna et Neuzeit.
Klein-Schlatter (C.-F.).
Langenbeck et Ce.
Langerfeld (C. et E.).
Mittelstein (F), Scheid et Ce.
Schæfer (F.-A.).
Schlieper, Wuelfing et Sœhne.
Viethaus et Ce.

Marchands de soie ou commissionnaires.

Barmen

Bredt (Wittwe), Ruebel et Sœhne.
Engels (Gaspar) et Sohn.

Elberfeld

Brink (J.-H.) et Ce.
Bunge (Alfred).
Weerth (Eduard de).
Dietze, Spies et Ce.
Pruesmann et Pagenstecher.
Frickenhaus Gebrueder.
Hockelmann (Robert)
Schenns (F.) et Ce.
Struecker et Ce.
Heydt-Wuelfing (von der).
Schermeng (Richard).
Vetter (Wilhelm).
Schæfer (Carl).
Einsel (C.-A.).
Heimendahl (F.).

Crefeld

Wolff (Gustav) et Ce.
Leyen (von der) et Ce.
Pastor et Hafkesbring.

Schmitz et Laumhardt.
Scheibler-Kaibel.
Quest-Kueppers.
Desgrand père et fils (succursale).
Arlès-Dufour et Ce (succursale).
Hauser (Adolph).
Heimendahl (Gustav).
Herberg (C.-H. von der)
Heydweiller et Ce.
Mottau (Wilhelm).
Vielhaber et Ce.
Duyn (Gerhard).
Mueller (Robert).
Crous (Wilhelm).

CERCLE DE LEIPSIG

Leipsig

Négociants en soie.

Bærbalk et fils.
Berger et Voigt.
Bergmann et Ce.
Bohner.
Gerischer et Ce.
Heiner-Tenscher junior.
Heirold et Wilhelm.
Hertwig.
Jahn.
Limburger frères.
Plantier (L.), Pfaffendorf.

Fabricants de soieries.

Balle (de) et Ce.
Félix frères.
Gebhardt et Ce.
Gœhring et Ce.
Kettembell et Ce.
Mackenthun et Ce.
Ohrtmann et Ce.
Prell (Ed.).
Schadel.
Scheeren.
Simons (les héritiers de J.).

Cercle de Zwickau

Négociants en soie.

Bach (F.), Buchholz.

Fabricant de soieries.

Rohling, Hanel et Ce, Annaberg.

Fabricants de chenilles de soie.

Fischer, Buchholz.
Gebhardt et Langer, Buchholz.
Muller, Buchholz.

Fabricants de tissus mélangés de soie.

Nota. — Ce cercle renferme un grand nombre de fabricants de cette catégorie; nous ne croyons devoir donner ici que les principaux.

Albrecht, Chemnitz.
Arnold, Glauchau.
Ahnert, Meerana.
Bækmann, Chemnitz.
Bassler et Ce, Glauchau.
Beckert, Chemnitz.
Behr et Schubert, Frankenberg.
Bæssnecht et Unger, Glauchau.
Bemmann, Meerana.
Brehme, Chemnitz.
Buhler, Chemnitz.
Burchardt et Bartel, Frankenberg.
Delling, Chemnitz.
Diederle, Chemnitz.
Dietel et Ce, Glauchau.
Diettrich et Klotz, Meerana.
Driver, Meerana.
Eiffer et Ce, Chemnitz.
Ernst, Glauchau.
Flade frères, Chemnitz.
Geyer, Chemnitz.
Gorner, Frankenberg.
Grau et Paschke, Glauchau.
Gunther, Lossnitz.
Hanscke, Glauchau.
Heimer, Glauchau.
Hermann et Schulze, Meerana.
Hosel et Ce, Chemnitz.
Jacobi, Chemnitz.
Jeschke frères, Frankenberg.
Jahn, Glauchau.
Koppel, Glauchau.
Kratz et Burg, Glauchau.
Kroitzsch (C.-L.), Meerana.
Leuschner, Glauchau.
Lohse, Chemnitz.
Luchmann, Meerana.
Matthes, Chemnitz.
Meister frères, Meerana.
Oppelt et Gottschald, Chemnitz.
Orschig, Meerana.
Panzer, Glauchau.
Pelz et Richter, Frankenberg.
Richter-Berger, Meerana.

Rahnfeld, Frankenberg.
Resch frères, Meerana.
Rudolph frères, Meerana.
Schmidt et Phtze, Frankenberg.
Schorler, Lossnitz.
Sollheim, Chemnitz.
Strauss et Ce, Glauchau.
Straff et fils, Meerana.
Schreyer et Ce, Meerana.
Sievers, Meerana.
Tasche, Glauchau.
Talge, Frankenberg.
Thiel et Ce, Lossnitz.
Thomœ, Meerana.
Thumer, Chemnitz.
Vogel, Chemnitz.
Voigt, Chemnitz.
Uhlig, Meerana.
Zipper, Chemnitz.
Ziegler et Hausmann, Glauchau.
Zippel frères, Meerana.
Wagner frères, Frankenberg.
Waldau, Chemnitz.
Wartze et Richter, Glauchau.

Ancien Royaume de Hanovre

Fabrique d'étoffes pour parapluies.

Hugo et frères, Ceile.

Ancienne Hesse électorale

Fabricants de velours soie

Lucas et Ce, Hanau.

Francfort sur le Mein

Négociants en soie.

Heinberger.
Maas frères.
Menko et Ce.
Quilling et Ce.
Seufferheld.
Weisser.

Angleterre

Mouvement des soies de l'Inde, de la Chine et du Japon à Londres.

Années.	Stock au 31 déc.	Importations.	Livraisons.
—	—	—	—
	balles	balles	balles
1857	58.154	112.757	72.222
1858	27.082	62.433	93.505
1859	25.112	93.154	95.261
1860	30.752	88.325	82.993
1861	34.791	79.972	75.650
1862	34.535	90.779	90.995
1863	38.260	80.862	76.943
1864	20.563	49.745	67.616
1865	26.596	63.679	57.946
1866	24.415	44.424	46.605
1867	27.033	50.009	46.791
1868	34.846	61.933	54.950
1869	29.931	46.839	71.724
1870	37.997	60.820	52.754
1871	46.348	72.062	63.711
1872	51.052	63.832	59.128

Importation des soieries d'Europe en Angleterre.

1864	7.481.807 l.st.	1869	11.794.760 l. st.
1865	8.337.447	1870	15.098.327
1866	9.312.618	1871	6.039.180
1867	8.984.475	1872	6.730.917
1868	10.795.452		

Exportations des soies françaises en Angleterre.

1869	142 millions de francs.
1870	144 —
1871	110 —
1872	672.000 kil. (en poids).

Exportations des soieries anglaises.

1867	1.074.518	livres sterlings.
1868	1.083.060	—
1869	1.110.006	—
1870	1.450.397	—
1871	2.053.938	—

Postes.

Lettres ordinaires par 10 grammes .... 30 centimes.
» chargées .... 60 »
Echantillons par 120 grammes .... 30 »
Imprimés par 40 grammes .... 08 »

Télégraphes.

Dépêches simple, Londres .... 4 francs.
Le reste du royaume .... 6 »

Monnaies.

Souverain ou livres sterling (or) .... 25 fr. 20
Shelling (argent) .... 1 fr. 25
Penny (cuivre) .... » 10.42

Poids.

Quintal (avoir poids) .... 50 k. 797 gr.
Livre » » .... » 455 gr.
Once » » .... » 28 gr.

Londres

Courtiers pour la soie (Silk brokers).

Bill brothers et James, 5, Union court Old Broad st.
Durant et C°, 11, Copthall court, Hiogmorton st.
Eaton et sons, 33, Old Broad st.
Harmuth, 22, Ethelburgo House.
Hunt et King, 3 et 4. Great Winchester st. Buildings.
Jacomb, Hogg et C°, 23, Old Broad st.
Johnson (S.). 6 et 7, Ethelburgo House.
Kilburn Kershaw et C°, 16, Mary Axe st.
Knowles, 7 et 8, Great Winchester st. Buildings.
Prior, 4. Union court, Old Broad st.
Read et C°, 57 1/2, Old Broad st.
Thomas, 7, Austin friars.
Wood, Austin friars passage.

Soies et soieries (Silk merchants).

Balfour Lewis, 10, Broad st. Mews.
Barket, 91, Ethelburgo. House.
Bateman, 15, King st. Cheapside.
Coles Brown, Andrews et C°, 29, Mincing lane.

Comber et C°. 10, Union court Old Broad st.
Corcoton junior, 34, Mark lane.
Court, 145, Cheapside.
Desgrand (L.) et C°, 28, New Broad st.
Desprès et C°. 1, Little Lare lane.
Dormeuil frères, 10, New Burlington st.
Enistein, 16, Grafton st. New Bond st.
Favre et Kennedy. 9, Moukwell st.
Fergusson, Harrisold et C°, New st.
Fisher (Samuel), 11 1/2, Union court Old Broad st.
Freutgel et C°, 1 et 2, Great Winchester st. buildings.
Gagnière et C°, 34, 35, 36, Golden square.
Goudchaux et C°, 7, Milk st.
Gower et C°, 64 et 65, Bread st.
Hall, 51, Old Broad st.
Hassold, 17, Great Winchester st.
Herrmanson, 30, Moukwell st.
Hettict, 7, Stroumouyer lawe st.
Isaac son et Wooton, 170, Regent st.
Lacroix cousins et C°, 16, New Broad st.
Louvet (E.), Maddax st., 26. Regent st.
Mercer, 21, Spital square.
Mondon et C°, 1, Falcon square.
Murray, 4, Great Winchester st. buildings.
Norris W. Blucton, 19, Gresham st. Winchester.
Oxford et C°, 5 et 6, Burg lane st. Mary Axe.
Parker et C°, 1, Paul's cham charis.
Pattinsson, 9. Great Winchester st.
Pattison et son, 57 1/2, Old Broad st.
Peaud et C°, 3, Fell st.
Pitrat et C°, 60, Bernws st.
Powell, 44, Coleman st.
Pursell et Howell, 2, Great Winchester st. buildings.
Roustan et C°, 86, London Wall.
Sandrini, 6, Copthall court.
Scane, Powell et C°, 7 et 8, Great Winchester st. buildings.
Semenza et C°, 56, Gresham House
Springfield son et Nephew, 66, Coleman st.
Steiner, Winchester House, Old Broad st.
Thomas, 9 a, New Broad st.
Warburg et C°, 30, Moukwell st.
Zanzi et C°, 9 d., New Broad st.

Fabricants de soies et velours. (Silk et velvet manufacturers.)

Ablett, 3, 4 et 5, Queens head pas. Newgate, st.
Alsop, Dacours, Spilsbury et C°, 1 et 2, Huggin lane.
Anrès, 48, Gresham st.
Astbury et Reid, 3, Sermon lane.
Avery et Whitehead, 7, Wood st.
Bacon, 23, Sclater, st. Shoreditch.
Bailey, Fox son et C°, 5, Russia Row Milk st.
Backer, Tucker et C°, 30 et 31. Gresham st.
Beedham, 15, Fort st. Spitalfields
Bennet, 31, Moukwell st.
Birchenhough, 145, Cheapside.
Booth Heigh et C°, 28, Noble st.
Bawset et C°, 15, Cheapside.
Brocklehrurst et sons, 32 et 33, Milk st.
Brown et C°, 29, Berneis st.
Campbell Harrison et Lloyd, 19, Friday st.
Caten et C°, 97, Cannon st.
Chadwich, 23, Noble st.
Chittingworth et son, 26, Spital square.
Corbiere et son, 30, Cannon st.
Cox, 27, High st. St. Giles's.
Crop et son, 19, Guider lane.
Draper, 107, High Holborn.
Duthoit et Fyler, 4 a, Gresham st.
Elise (Mme L.), 170, Regent st.
Evans et C°, Wood st.
Fairer et C°, 6, Addle st. Wood st.
Farden Gladman et C°, 6, 7, Russia Row Milk st.
Fynney et C°, 30, Bread st.

Gilkes, 28, Steward st. Spitalfieds.
Gill et Hartley, 120, Wood st.
Hall et Nuttall, 6, Mitre court Milk st.
Hall, 21, Gutter lane.
Hardy et Buck, 28, Lawrence lane.
Hanop, Tayler et Pearson, 28, Noble st.
Hepy, 2, Mitre court Wood st.
Henderson et C°, 1, Gutter lane.
Hislop et C°, 20, Gutter lane.
Howel et C°, 4 a, st. Paul's Churchyard.
Hutton et C°, 5 et 6, Newgate st. E.C.
Kemp et sons, 20 et 21, Spital square.
Kent (H. et Ch.), 17, Gresham st. West.
Lapivorth bros., 22, Old Bond sq. W
Lister (Samuel) et C°, 4a, Cupplegate buildings.
M'Cabe Hugh, 45, Friday st.
Makin et son, 10. Love lane.
Manton, 24, Noble st.
Marchand (Alb.), 189, Regent st.
Martin et Thomas, 124 a, Wood st.
Martin, 29, Fort st. Spitalfields.
May et C°, 13, Bread st.
Mackel et C°, 6, Lowe lane.
Mills, 123, Wood st.
Mommes, 24, Milk st.
Moret et Payen, 4, st. Paul's Churchyard.
Newbury John Colin, Mumford court Milk st.
Norris et C°, 124, Wood st.
Payn, James Sabez, 70 a, Aldermanbury.
Pearson et C°, 19, Gutter lane.
Poyton et C°, 6, Chapel st. Curtain road.
Radcliffe, 57, Wood st.
Rix et Bridge, 116, Cheapside.
Robinson (J.-W.) et C°, 3 et 4, Milk st.
Robinson (Th.) et C°, 80, Milk st.
Rolls et Frowell, 3, Honey lane.
Salter et Whiter, 25, Spital sq.
Sanderson, 7, Gresham st.
Seamer et son, 5, Milk st.
Senecal et son, 37, Spital square.
Slater, Buckingham et C°, 35 et 36, Wood st.
Slater son et Slater, 6, Wood st.
Sluis, 17, Spital square.
Smole, 10, Addle square Wood st.
Soper et son, 32, Spital square.
Shellwell et son, 7, White Lion st.
Tattersall et C°, 25, Southampton road.
Tharp et C°, 8, White Lion st.
Vanner et sons, Gresham st.
Varnish, 6, Spital square.
Vavasseur Carter et Collier, 3, Huggin lane.
Walters (D.) et sons, 43, 44 et 45, Newgate st.
Walters (S.) et sons, 15 et 16, Wilson st.
Warner Sillett et Raus, 25, Newgate st
Welden, 130 et 131, Cheapside.
Wilson Camobert, st. Bethual green road.
Wolffgang et C°, 11, Starising lane
Wright et Hall, 174, Aldersgate st.

Aylisburg

Mouliniers.

Evans et C°.

Coventry

Fabricants de rubans.

Barton.
Berry frères.
Caldicott (Richard).
Carter et Philips.
Cash.
Clarke (J.-B.).
Clarke (J.).
Darlinson.
Darlton et Barton.
Franklyn.
Green.
Hart.
Hennell.
Peters.
Pratt et fils.
Rattliff.

Sergeant brothers.
Spencer (J.).
Spencer (W.).

Derby

Filateurs.

Baker et fils.
Robinson et C°.
Wright.

Tissus élastiques soie.

Holme (G.).

Halifax

Filateurs de soie.

Cockcroft et C°.
Hadwen et fils.
Lister et C°.

Lancaster

Fabricants de soieries.

Hinde et C°.
Thompson et C°.

Leeds

Filateurs.

Holdforth et fils.
Kelly et C°.

Leicester

Tissus élastiques soie.

Hodges et fils.
Turner et C°.
Whitehead et fils.

Leigh

Filateurs.

Le Mare.
Milton.
Soper et fils.
Taylor et Pearson.

Manchester

Mouliniers.

Makin et son, 14, Morley street.
Chadwick (J.), 141, Great Bridgewater st.
Joynson (P.) et C°, 41, Fountain st.
Harrop, Taylor et Pearson, 29, Piccadilly.
Tucker (H.), 70, Portland st.
Thorp (R.), 14, New-Brown st.

Commissionnaires en soieries

Barchard (W.-B.), 48, Fountain st.
Bulkeley (A.), 12, Marsden st.
Carter (W.), 34, Pall Mall.
Hilton (J.-C.), 40, Spring Gardens.
Kummond (Ch.), 15, Fountain st.
Pattinson (T.), 11, Piccadilly.
Higginbottom et Beard, 18, Faulkner st.
Gaddum (L.-E.), 3, South st.

Fabricants de soieries.

Baker, Tuckers et C°, 70, Portland street.
Booth Leigh et C°, 106, Market st.
Brennan et C°, 19, New-Brown st.
Chadwick (J.), 141, Great Bridgewater st.
Cliffe (W.), High st.
Cowlishaw, Nicol et C°, 23, Portland st.
Denby et Beard, 29, Fountain st.
Evans et Lyddall, 26, York st.
Harrop, Taylor et Pearson, 29, Piccadilly.
Higginbottom (Ch.), 9, Dale ss.
Hilton (Ch.), 6, Spring Gardens.
Joynson (P.) et C°, 41, Fountain street.
Le Mare et Griffin, 34, Morley st.
Love et Bickham, 26, Morley st.
Makin et son, 17, Morley st.
Mason et Faulkner, 21, Fountain street.
Newberry (H.-O.) et C°, 20, Brown street.
Robinson et Millington, 10, Spring Gardens.
Smale (J.) et sons, 1, Marble st.
Thorp (R.), 14, New Brown st.
Jobtal-Broadhurst et C°, 56, Morley st.
Tucker (H.), 70, Portland st.
Watson (Th.), 50, Fountain st.
Le Mare (R.), York st. Chambers.

Middleton

Filateurs.

Chadwick et Dickins.

Norwich

Négociants en soie.

Gorell.
Pimar.
Springfield son and nephew.

Fabricants de crêpes.

Grout et C°.

Rochdale

Fabrique de peluches de soie.

Walson et C°.

Yarmouth

Filateurs.

Grout et C°.

Nottingham

Marchands de soie.

Baillon (Louis).
Brownsword.
Chambers.
Hoyles.
Goldschmidt et Sipmann.
Johnson et C°.
Pattersons et sons.
Thompson (J.), Nottingham et Derby
Windley et Barwich.
Wooton.

Mouliniers.

Frost (R.).
Goldschmidt et Sipmann.
Pattersons et sons.
Thompson, Nottingham et Derby.
Watson, Beeston près Nottingham.
Windley et Barwick.

Autriche

Postes.

Lettres ordinaires par 10 grammes	60 centimes.
» chargées, droit fixe	50 »
Echantillons par 40 grammes	10 »
Imprimés	10 »

Télégraphes.

Dépêche simple	6 francs.

Monnaies.

Souverain (or)	34 fr. 84
Ducat impérial (or)	11 fr. 81
Risdale (argent)	5 fr. 61
Ecu de convention (argent)	5 fr. 18
Florin (Gulden) argent	2 fr. 59
Kreutzer (cuivre)	» 04.3

Poids.

Quintal	56 kilogr.
Livre (pfund)	560 grammes.

Vienne

Commissionnaires en soie.

Grob et C°.
Siess et C°.
Turri.
Heim.

Filateurs.

Andréa et fils.
Barenter.
Brener et fils.
Chwalla (veuve).
Eibl et Arieger.
Fasola et C°.
Flemmich (veuve).
Franck et fils.
Friès et Zeppzaner.
Giani.
Grünewald et fils.

Guatta.
Nessi et Barberini.
Santagostino et Somani.
Weigandt et Ce.

Fabricants de tissus d soie.

Bader frères.
Buyatti (F.).
Fassbender jeune.
Flemmich (veuve).
Frenck et fils.
Friedmann.
Friès et Zeppzaner.
Fickenscher.
Frischling, Arbessier et Ce.
Garber.
Gansher et fils.
Giesanf et fils.
Grünewald et fils.
Haas et fils.
Harler.
Hartmann.
Hell.
Hentsch.
Herzig.
Hirsch (veuve) et fils.
Hornbostel et Ce.
Mayer et fils.
Meyer (J.-K.).
Oberlander.
Paltinger.
Reder.
Reichert fils.
Schler.
Schlick.
Sigmund.
Trebitsch et fils.
Waschka.

Fabricants de rubans.

Adensamer.
Brann.
Dary.
Eder.
Eiselt et Neuberth.
Fashold.
Franze.
Grobheiser.
Gruber frères.
Harmer et Hoffenann.
Hetzer et fils.
Hille et Hampel.
Hoffmann.
Kemperling.
Kittenwatz.
Liebisih fils.
Manhart et Wurm.
Moering.
Rebel.
Rield.
Rupprecht.
Schattera.
Schreiber.
Senfelder.
Silberbaner frères.
Stein.
Wolly.
Wadlltdner et Nath.

Silésie et Moravie.

La Silésie possède 1 million et demi de mûriers. En 1864, la récolte a été de 1.250 kilogr. environ.

La Moravie est de production beaucoup moindre.

Commissionnaire en soie.

Bresson (le baron), Zlin. (Moravie).

Filateur.

Zweig, Steenberg. (Moravie).

Fabrique de rubans.

Langer, Steenberg. (Moravie).

Dalmatie

La récolte en cocons peut-être évaluée de 100 à 20.000 kilogr.

Illyrie

Le destrict vraiment séricole de l'Illyrie est celui de Goritz. Il compte 1 million de pieds de mûriers, et, récoltait dans les bonnes années 500 à 550.000 kilogr. de cocons.

Le district d'Istrie est également séricole ; longtemps il a récolté de 80 à 85.000 kilogr. de cocons, mais en 1865 elle tomba à 13.000.

Le district de Goritz possède plus de 100 filatures, mais la plupart sont de peu d'importance et ne travaillent que pour la consommation autrichienne.

Voici les noms les plus importants que nous avons pu nous pro-

curer.
Ascoli, Goritz.
Buffulin, Goritz.
Cuzzier, Trieste.
Lenassi, Goritz.
Rilter (Wilhem de), Goritz.

Styrie

Production en cocons : 2.000 à 2.500 kilogr.

Filateur.

Hœpfner (J.), Graz.

Tyrol

D'après un document officiel d'Inspruck la récolte dans le Tyrol (Tyrol autrichien et Tyrol italien) fut en 1860 2.397.875 kilogr. de cocons. En 1853, 54 et 55, le Tyrol exportait en moyenne 190.000 kilogr. de soie. Des documents authentiques plus récents nous font défaut.

Bohême

La sériculture date de 1749 en Bohême où elle fut importée par des Italiens. Peu d'années après elle récoltait 2.000 kilogr. de soie. En 1866 la Bohême renfermait plus de 2 millions de pieds de mûriers. La récolte de 1870 a d'environ 1.260 kilogr. de soie. Prague et quelques autres villes emploient la soie pour la mélanger avec la laine et le coton. Il existe en Bohême quelques petites filatures.

Prague

Commissionnaires en soie.

Lechleitner (F.).
Lechleitner frères.
Przibik et fils.

Commissionnaires en rubans.

Liégert.
Pereles.

Filateurs.

Kuhn, Joachimsthal.

Filateurs négociants en soie.

Bettini, Roveredo.
Candlberger, Roveredo.
Colle, Roveredo.
Fusseneggen, Dornbirg.
Haemmerle, Dornbirg.
Herrburger et Rhomber, Dornbirg.
Keppel, Roveredo.
Marsilli, Roveredo.
Roanzi, Roveredo.
Rhomberg (P.), Dornbirg.
Rhomberg (W.), Dornbirg.
Salzmann, Dornbirg.
Stoffella, Roveredo.
Tacchi, Roveredo.
Winder, Dornbirg.

Mouliniers et négociants en soie.

Glira, Roveredo.
Pischi, Roveredo.
Salvadori (V.-G.), Trente.
Salvadori frères, Trente.
Tabacchi, Trente.

Belgique

Postes : Lettres ordinaires par 10 grammes.......... 30 centimes.
» chargées, droit fixe................ 50 »
Imprimés par 40 grammes .... 06 »

Télégraphes : Dépêche simple .... 3 francs.

Poids et monnaies suivant le système décimal français.

PROVINCE DE BRABANT

Bruxelles

Marchands de soie.

David frères.
Gravet (A.).
Middeldorff.
Thys (Ch.).

Fabricants d'étoffes de soie.

Dedecker frères.
Romkens.

PROVINCE D'ANVERS

Anvers

Négociants en soie.

Albes-Vanderlaat.
Gony (A.).
Halsberghe et Ce.
Hermans.
Metdepenninghen.
Pollaus.
Suremont et Ce.
Thys (Ch.).
Van Rompacy.

Fabricants de soieries.

Duysters frères, Lierre.
Genertz et Lynen, Malines.
Rappard et Rieppe, Malines.
Gewelz, Malines.
Van Reussel, Lierre.

PROVINCE DE LA FLANDRE OCCIDENTALE

Fabricant de soieries damassées.

Grossé, Bruges.

PROVINCE DE LA FLANDRE ORIENTALE

Négociants en soie.

Colas (J.-B.) et fils (maison à Caen), Grammont.
Pract (représentant A. Duval de Caen (Grammont).

Fabricants de soieries.

Fonteyn frères, Alost.
Lagrange frères, Deynze.
Lagrange-Pieters, Deynze.
Mœns-Meert, Alost.
Ringoir, Alost.
Rœllens, Deynze.
Smet (de), Deynze.

PROVINCE DU HAINAUT.

Filateur et cardeur de déchets.

Philippart (S.), Ath.

Espagne

Les évènements de diverses natures qui depuis plusieurs mois agitent l'Espagne, nous ont empêché de recueillir des renseignements aussi exacts et aussi complets que pour les autres pays. Dans notre INDICATEUR DE 1874 nous réparerons cette lacune.

Importation de soie de France.

En 1866 l'Espagne nous a envoyé pour 3.475.000 francs de soie et bourre de soie, en 1867 pour 3.778.000.

Exportation des soieries françaises.

La France a exporté en Espagne les valeurs de tissus de soie suivants :

En 1866, 8.627.000 francs ; en 1867, 8.643.000 francs ; en 1869, 49,741 kilogr. ; en 1870, 71,907 kilogr. ; en 1871, 56,861 kilogr.

Produit séricole.

De 1848 à 1845 la production maximum du royaume de Valence peut être évaluée à 5 millions de kilogr. de cocons; celle de l'Andalousie fut en 1870 de 2.200,000 kilogr. et celle de Murcie, de 8 à 900.000g kilogr. Toujours dans les bonnes années, la Castille pouvant produire de 140 à 150.000 kilogr., la province de Grenade 120.000, l'Aragon 80.000, la Catalogne 30.000.

Aujourd'hui cette production est réduite de 25 à 50 %.

En 1852 l'Espagne exportait encore 310.100 kilogr. de soie et 54.500 kilogr. de cocons; elle tomba à 98.250 kilos de soie et 18.900 kilogr. de cocons et en 1854, 10.000 kilogr. de 700 kilogr. de cocons.

Les filatures à vapeur de Valence et Murcie présentent encore 2.300 bassines et livrent à la consommation environ 85,000 kilogr. soies grèges, souvent hors ligne.

Postes.

Lettres ordinaires par 10 grammes	40 centimes.
» chargées	80 »
Echantillons et imprimés par 40 grammes	08 »

Télégraphes.

Dépêche simple	4 francs.

Monnaies.

Doublon d'Isabelle (or)	25 fr. 84
Piastre d'or (escudo d'oro)	5 fr. 40
Piastre (argent)	5 fr. 25
Real (argent)	» 26.25

Poids.

Quintal (4 arobes)	46 k. 009 gr.
Arrobe (25 livres)	11 k. 511 gr.
Livre	460 grammes.

Nouvelle Castille

Filateurs.

Alcala et fils (veuve de) Talavera de la Reyna.
Bajo, Tolède.
Bringas, Tolède.
Isturria, Talavera de la Reyna.
Tarrivus, Talavera de la Reyna.

Fabricants de soieries.

Albarreau, Tolède.
Alcala et fils (veuve de), Talavera de la Reyna.
Alcantara, Tolède.
Arroyo, Tolède.
Crux, Tolède.
Fernandez (C.) Tolède.
Fernandez (N.), Tolède.
Garcia, Tolède.
Guarda (de la), Tolède.
Hernandez, Tolède.
Librado, Tolède.
Montes, Tolède.
Ramires, Tolède.
Rodriguez, Tolède.
Ruodas, Tolède.
Ximenes, Tolède.

Grenade

Fabricants de soieries.

Agrela, Grenade.
Jose, Grenade.
Moreno, Grenade.

Valence

Négociants en soie.

Formosa, Valence.
Fermaud, Valence.
Gavilla y Collado, Valence.

Maupoey frères, Valence.
Rubio frères et Ce, Valence.
Terruel, Valence.
Trenor et Ce, Valence.

Commissionnaires en soie.

Arricaut et fils, Alcira.
Dolz, Marti de Veses, Alcira.
Galvanon frères, Alcira.
Huguet (R.), Castellon de la Plana.
Miro frères, Alcira.
Marand et Ce, Denia.

Filateurs.

Cialdini, Valence.
Dotres et Ce, Valence.
Gonzalez frères, Valence.
Gonzalez (S.), Valence.
Magin y Torner, Valence.
Palluat et Testenoire, Valence.
Rubio frères, Valence.
Torner-Ortis, Valence.
Trenor et Ce, Valence.
Orduna et fils, Valence.

Murcie

Négociants en soie.

Baldo (Ed.), Murcie.
Baldo (R.-M.), Murcie.
Basca, Murcie.
Boyer et Goetz, Murcie.
Calafat, Murcie.
Casañns, Murcie.
Herrera y Martines, Murcie.
Penafiel, Murcie.
Rodriguez y Calderon.
Rescill (de) y Mas, Murcie.
Servot (veuve et fils de), Murcie.
Torres, Murcie.

Filateurs.

Boyer et Goetz, Murcie.
Calafat, Murcie.
Hillasistach (veuve), Murcie.
Rescill (de) y Mas, Murcie.

Barcelone

Négociants en soie et fabricants de soieries.

Berini (L.), Barcelone.
Borrell y Pujadas, Barcelone.
Clavé frères et Ce, Barcelone.
Clavé, Guix et Menjoulat, Barcelone.
Escuder (veuve et fils de J.), Barcelone.
Ferrier et Ce, Barcelone.
Garriga, Barcelone.
Miaronc frères, Reuss.
Marti (veuve) et Niéto, Reuss.
Montaner, Reuss.
Pujals et Ce (veuve de), Barcelone.
Reig, Barcelone.
Ribas, Barcelone.
Tey, Escarra et Ce, Barcelone.
Villamura frères et Ce, Barcelone.

Extrême-Orient

Bengale

Soies

En 1750, l'exportation des soies de Bengale était de 18,143 kilogrammes (40.000 livres anglaises).

En 1785, elle s'élevait à 261,500 kilogr.

De 1792 à 1802, elle descendit jusqu'à 50,000 kilogr. par suite de la guerre.

En 1812 elle atteignit 435.900 kilogr.
En 1822 » 457.500 »
En 1832 » 416.500 »

Puis, en revenant plus près de nous :

7.644 balles furent exportées en 1840
12.031 » 1845
10.000 » 1850
8.228 » 1855
9.231 » 1860
9.011 » 1865
7.013 » 1871

Les docks de Londres ont livré en soies de Bengale les quantités suivantes :

1859 14.000 balles.
1864 9.000 »
1871 5.245 »

Postes.

Mêmes tarifs que la Chine.

Télégraphes.

Dépêche simple : Ouest-Chittagong.......... ... 97 fr.
Est-Chittagong.............. 102

Calcutta

Argenti, Schilizzi et Ce.
Atkinson frères.
Balmer, Lavise et Ce.
Barton, Bayne et Ce.
Camin, Lamouroux et Ce.
Colin et Ce.
Clarcke et Mookerjée.
Dunlop et Ce.
Emin
Ernsthausen et Osterley.
Freck et Ce.
Hodge (W.-H.).
Jardine, Skinner et Ce
Labadie (E.).
Lyal, Rennie et Ce.
Petrocochino et Ce.
Ralli frères.
Rentiers et Ce.
Robert et Charriol.
Russell et Ce.
Schilizzi et Ce.
Tamvaco et Ce.
Watson, Green et Hartz.
Wattenbach et Heilgers.

Chine

Exportations de soie.

Années.	Entrepôt	Arrivées.	Expédiées.	Années.	Entrepôt.	Arrivées.	Expédiées.
1830	21.000	24.000	26.000	1851	22.000	40.000	41.000
1831	18.000	22.000	20.000	1852	19.000	50.000	45.000
1832	21.000	22.000	23.000	1853	23.000	59.000	57.000
1833	19.000	19.000	25.000	1854	24.000	77.000	70.000
1834	15.000	24.000	29.000	1855	31.000	65.000	74.000
1835	10.000	26.000	27.000	1856	24.000	80.000	84.000
1836	8.000	31.000	29.000	1857	18.000	110.000	73.000
1837	12.000	34.000	30.000	1858	60.000	63.000	95.000
1838	17.000	23.000	26.000	1859	27.000	94.000	96.000
1839	13.000	25.000	26.000	1860	25.000	87.000	83.000
1840	11.000	25.000	23.000	1861	32.000	81.000	77.000
1841	13.000	22.000	23.000	1862	32.000	92.000	90.000
1842	11.000	24.000	22.000	1863	35.000	79.000	76.000
1843	13.000	22.000	24.000	1864	21.000	51.000	67.000
1844	11.000	29.000	26.000	1865	26.000	61.000	53.000
1845	14.000	32.000	30.000	1866	24.000	42.000	44.000
1846	18.000	36.000	33.000	1867/68.....		......	46.650
1847	19.000	35.000	38.000	1868/69.....		......	56.751
1848	17.000	40.000	38.000	1869/70.....		......	49.632
1849	19.000	41.000	40 000	1870/71.....		......	43.313
1850	19.000	42.000	41.000	1871/72.....		......	59.696

Soie de Canton.

Voici le relevé des livraisons des soies de Canton aux docks de Londres dans les dix dernières années :

1862	2.036 balles	1868	4.991 balles
1863	4.737	1869	4.603
1864	2.279	1870	7.373
1865	1.128	1871	12.654
1866	4.720	1872	11.111
1867	4.636		

Postes (voie de Marseille).

Lettres ordinaires par 10 grammes.................. 1 franc.
» chargées.................................. 2 »
Echantillons par 40 grammes.................... 25 centimes.
Imprimés.. 15 »

(Voie de Brindisi).

Lettres ordinaires par 10 grammes................. 1 fr. 30
» chargées.................................. 2 fr. 60
Echantillons par 40 grammes .... 35 centimes.
Imprimés.. 25 »

(Voie d'Angleterre).

Même tarif que la voie de Brindisi.

Télégraphes.

Dépêche simple : Hong-Kong, Schanghaï et Amoy.
Voie de Malte.................................. 147 francs.
Voie Russe-Amour................................ 106 francs.

Monnaies.

Les Chinois n'emploient ni l'or ni l'argent, comme espèces monnayées. De petites pièces appelées *sapèques*, formées d'un alliage de cuivre et d'étain (d'une valeur infime par conséquent) et dont le poids varie infiniment de province à province et même de ville à ville, constituent seules la matière obligatoire des payements.

Toutefois il a été admis pour les comptes une unité-poids : le tael d'argent qui équivaut en moyenne à 7.50, mais cette valeur varie suivant le titre de l'argent et le taux de change à Londres. Les comptes européens s'établissent par piastres mexicaines dont la valeur moyenne, monnaie française est de 5.35 : 720 taels (argent *sycé*) égalent, en moyenne 1,000 piastres mexicaines.

Poids.

Picul 60 kilogr. 188 grammes. — Catty 601 gr. 28. — Tael 37 gr. 58.

Adamson Bell et C°.
Balfour (F.-H.).
Barnet Geo et C°.
Blain et C°.
Birley, Worthington et C°.
Birt et C°.
Borntraeger et C°.
Bourjau Hubener et C°.
Bovet Brothers et C°.
Bower, Hanbury et C°.
Bradwell Brothers et C°.
Brandt, Brothers et C°.
Bull, Purdon et C°.
Butterfield and Swire.
Carter et C°.
Chapman, King et C°.
Coutts et C°.
Dent et C°.
Dickinson et C°.
Essex et C°.
Evans (J. E.) et C°.
Fogg (H.), et C°.
Findlay Wade et C°.
Framjee, Hormusjee et C°.
Frazar et C°.
Gamwell (R. F.).
Gibb, Livingston et C°.
Gilman et C°.
Heard, Augustine et C°.
Helbling et C°.
Holliday, Wise et C°,
Hogg Brothers et C°.
Jardine, Matheson.
Jarvie, John et C°.
Lacroix Cousins et C°.
Lindsay, Head et C°.
Meartens (A.-H.).
Major and Smith.
Milsom et Tod.
Nachtrieb, Leroy et C°.
Overbeck et C°.
Pila et C°.
Pustau, Wm et C°.
Pabaney (E.).
Petrocochino (P.-E.).
Reiss et C°.
Robison (J.-S.).
Russel et C°.
Sassoon, David, Sons et C°.
Scheibler, Matthaei, et C°.
Shaw, Brothers et C°.
Siemssen et C°.
Skeggs (C.-J.) et C°.
Smith, Archer et C°.
Taylor et Bennett.
Telge, Nolting et C°.
Textor et C°.
Thorne, Brothers et C°.
Vaucher.
Vogel Hagedorn et C°.
Westall, Brand et C°.
Wright, Burkill et C°.

Japon

Exportations des cartons de graines de vers à soie.

1863	30.000 cartons.	1868	2.300.000 cartons.
1864	300.000 »	1869	1.400.000 »
1865	2.500.000 »	1870	1.300.000 »
1866	950.000 »	1871	1.200.000 »
1867	850.000 »	1872	1.600.000 »

Exportations de soie de Japon.

Angleterre.		France.	
1867/68	5.403	1867/68	6.195
1868/69	8.010	1868/69	6.156
1869/70	8.372	1869/70	5.804
1870/71	7.120	1870/71	896
1871/72	7.946	1871/72	6.203

Postes : Mêmes tarifs que pour la Chine.

Télégraphes : Nangasaki (bureau unique).

Dépêche simple, voie de Malte.................... 172 francs.
voie Russe .... 106 »

Monnaies : Nibo (or).................... 2 fr. 30
Ko-bang (or).................... 7 fr. 21
Itsibou (argent).................... 1 fr. 77
Taels (argent).................... 3 fr. 52
Sènc (cuivre).................... 0.003
Tempo (cuivre).................... 0.070

Aspiwall, Cornes et C°,
Aymonin et C°.
Abegg et C°.
Adamson Bell et C°.
Bavier et C°.
Bolmida.
Bresciani (C.).
Botto (D.).
Bouvet (H.).
Comi (C.).
Davison, James.
Dell Oro (I.).
Raud (J.) et C°.
Fraser (J.-C.) et C°.
Findlay, Richardson et C°.
Gilman et C°.
Grosser et C°.
Gustschow et C°.
Heard (A.) et C°.
Hecht, Lilienthal et C°.
Hooper, Bros.
Hudson, Malcolm et C°.
Heinaman.
Jacquemot (J.-M.).
Jardine, Matheson et C°.
Kindgom, Schwabe et C°.
Kniffler (L.) et C°.
Leggatt (C.-E.) et C°.
Macpherson et Marshall.
Morf (H.-C.) et C°.
Netherlands, Trading C°.
Lini.
Reiss et C°.
Sitwell, Schoyer et C°.
Schultz, Reiss et C°.
Shaw et C°.
Siber et Brennwald.
Smith, Baker et C°.
Strachan et Thomas.
Smith, Archer et C°.
Scoto-Scoti.
Textor et C°.
Valmale, Schoene et Milsom.
Wilkin et Robison.
Walsh, Hall et C°.
Ziegler et C°.

Etats-Unis

Importation des soieries françaises à New-York.

MOIS	1872	1871	1870	1869	1868
1	3.222.831	1.976.325	1.565.648	1.054.986	1.297.473
2	7.752.033	5.201.610	4.129.599	4.184.794	3.271.090
3	12.940.598	10.793.846	7.510.425	7.487.738	5.746.396
4	15.892.819	14.297.215	9.557.170	9.597.579	7.103.109
5	18.332.739	17.853.046	11.653.382	11.455.107	8.736.348
6	19.859.493	19.110.305	13.278.640	12.845.788	9.839.884
7	23.078.748	21.958.309	15.018.841	14.925.258	11.740.158
8	28.118.613	27.273.449	18.829.564	18.347.482	15.138.619
9	31.012.608	30.644.386	22.000.839	20.851.516	17.653.460
10	32.744.417	32.903.012	24.448.348	22.500.814	19.318.497
11	33.922.256	34.995.952	27.512.822	24.085.805	20.766.508
12	35.094.096	36.222.588	30.004.407	24.995.838	21.708.801

Postes (1) (*par paquebots français*).

Lettres chargées par 10 grammes.......................... 50 centimes.
Echantillons par 40 grammes.......................... 25 »
Imprimés.......................... 15 »

(*Voie d'Angleterre*).

Lettres ordinaires par 10 grammes.......................... 1 fr. 20
« chargées.......................... 2 fr. 40
Echantillons par 40 grammes.......................... 25 centimes.
Imprimés.......................... 15 »

Télégraphes.

Dépêche de dix mots pour New-York.......................... 37 fr. 50
Chaque mot en sus.......................... 3 fr. 75

Monnaies.

Dollar (argent).......................... 5 fr. 40
Cent (cuivre).......................... » 5.4

Poids.

Quintal (112 livres).......................... 50 k. 79 gr.
Livre.......................... 453 grammes.

A une heure de New-York, dans l'état de New-Jersey, se trouve la ville de Paterson.

C'est une des principales stations du chemin de fer de l'Érié, et cette ligne est sur le point d'y construire son dépôt central, ce qui contribuera à donner encore plus d'importance à cette localité qui contenait, il y a

(1) Un nouveau traité postal est en négociation.

30 ans, 3,000 habitants et qui possède aujourd'hui une population de 40,000 âmes.

C'est surtout depuis ces dix dernières années que Paterson a acquis de l'importance, tant sous le rapport de l'accroissement de sa population, qui a doublé dans cet espace de temps, qu'au point de vue de l'industrie en général, spécialement celle de la soie.

Notre but, en publiant cet article, est de faire connaître exactement aux industriels européens l'importance de Paterson au point de vue de la fabrication des soieries, dans l'espoir que nos renseignements leur seront utiles, sous bien des rapports. Nous avons pensé qu'il serait très-intéressant pour nos lecteurs de l'autre côté de l'Atlantique de connaître, d'une manière exacte et détaillée, la quantité d'usines diverses fonctionnant dans cette ville, et le nombre d'ouvriers employés dans chacune d'elles. C'est dans ce but que nous avons établi, d'après les renseignements puisés aux meilleures sources, la liste ci-dessous.

Mouliniers.

Phœnix Manufacturing C°	500 ouvriers.
Hamel et Booth	500 »
Ryle Manufacturing C°	500 »
J. H. Booth et C°	250 »
L. R. Steel et C°	150 »
Bannignon frères	50 »

Il se mouline dans ces établissements 625,000 livres de soies de toute espèce, et le coût moyen de moulinage est d'un dollar par livre.

Fabrication de soie à coudre.

E. Sander	250 ouvriers.
W. G. Waston et fils	150 »
Dunlap et C°	100 »
Dale Manufacturing C°	100 »
Salter et Cutter	100 »

Fabricants de rubans.

W. Strange et C°	650 ouvriers.
Dexter, Lambert et C°	500 »
John Day et C°	200 »
E. Walker et C°	30 »
B. Weisker	75 »

Fabricants de soieries.

Phœnix Manufacturing C°	400 ouvriers.
Hamel et Booth	150 »
Meyenberg, Pratt et C°	100 »
W. Strange et C°	150 »
Bane Manufacturing C°	100 »
Paterson Silk Manufacturing C°	100 »

Les tisseurs emploient environ sept cent cinquante métiers et se servent de soies de tous titres et de toutes provenances.

La vapeur et l'eau sont toutes deux employées comme moteurs. La magnifique rivière du Passaic et les célèbres chutes du même nom fournissent une puissance hydraulique d'une grande importance pour les usines.

Les ouvriers sont en majeure partie étrangers ; principalement français, suisses et allemands. La moyenne des gages est de quatre dollars pour les femmes et quatorze dollars pour les hommes.

Voici maintenant les noms des établissements de teinture et le nombre d'ouvriers employés par chacun d'eux.

Teintureries.

C. Greppo	70	ouvriers.
Lee et Sheehan	35	»
Morlot Scettheimer	70	»
King et Co	25	»
Jackson et Meyers	10	»
Faure		»
Dexter, Lambert et Ce	12	»
W. Strange et Co	15	»

On teint dans ces différentes usines trois cent cinquante mille livres de soie par an.

En dehors de Paterson, qui représente environ la moitié de l'industrie séricicole aux Etats-Unis, il y a des fabriques de soieries à New-York et dans les environs, entre autres à West Hoboken où se trouve celle de M. Givernaud, commandité par MM. Benckardt et Hutten, une des plus grandes maisons d'importation de New-York.

Dans cette dernière ville, MM. A. Soléliac et fils, de Saint-Etienne, ont établi depuis deux ans environ, une fabrique de rubans qui semble prospère.

Il y a aussi l'établissement de MM. Cheney frères, à Hartfort (Connecticut), qui ont été pendant longtemps appuyés par la grande maison de A. T. Stewart et Co.

Italie

Avant l'épidémie la récolte en cocons pouvait se résumer ainsi :

Piémont	9.000.000 kilogr.
Lombardie	14 000.000
Vénétie	10.000.000
Toscane	1.800.000
Etats Romains	2.000.000
Duchés	1.000.000
Frioul,	1.400.000
Tyrol	2.500.000
Naples	1.200.000
Calabres	2.000.000
Sicile	1.000.000
Total	46.000.000 kilogr.

Ces chiffres sont donnés comme minimum moyen.

Nous empruntons à l'ouvrage du docteur P. Maestri (*l'Italie économique en 1867*) les renseignements suivants :

En 1863 il existait en Italie 5.519 filatures dont 394 mues à la vapeur et représentant 62.396 bassines.

La soie grége produite par ces filatures s'est élevée en poids à 202.685 myriagrammes, en numéraire à 131.610.541 francs.

Les frais de main-d'œuvre ont atteint 24.597.000 francs.

Il existait en Italie (en 1867) 2.768.545 bobines à mouliner la soie. Le chiffre des soies moulinées pendant la même année s'est élevée à 2.721.759 kilogr. (1.236.062 kilogr. trames et 1.485.697 kilogr. organsins).

Les frais de main-d'œuvre pour le moulinage ont atteint 10.740.000 fr.

Tissus de soie. — En 1867, l'Italie comptait 260 fabriques de soie, occupant 20.000 métiers travaillant surtout en tissus lisses.

Postes.

Lettres ordinaires par 10 grammes	40	centimes.
» chargées, droit fixe	50	»
Imprimés et échantillons par 40 grammes	06	»

Télégraphes.

Dépêche simple .... 4 francs.

Poids et monnaies, système décimal français.

Rome et ses arrondissements

Négociant en soie.

Perron-Cabus, Rome.

Fabricants de soieries.

Arvotti, Rome.
Cattaneo et Venturini, Rome.
Romanini, Rome.
Silvestri (de), Rome.
Tavani, Rome.

Représentants pour les soieries.

Perron-Cabus, Rome.
Locher (J.-T.), Rome.

Filateur.

Feoli, Rome.

Province d'Alexandrie

Filateurs.

Borgarelli, Novi-Ligure.
Castaldi, Asti.
Casissa et fils, Novi-Ligure.
Cattaneo et fils, Novi-Ligure.
Ceriana, Alexandrie.
Delprino, Alexandrie.
Denegri, Novi-Ligure.
Gambarotta, Novi-Ligure.
Garbiglia, Asti.
Paveso et fils, Novi-Ligure.
Pedemonti et Ce, Tortone.
Peloso (Carlo fu Luigi), Novi-Ligure.
Peloso et Salvi, Novi-Ligure.
Piccaluga, Novi-Ligure et Alexandrie
Ravassano, Alexandrie.
Rustichello et fils, Asti.
Torre frères, Alexandrie.

Province d'Ancône

Filateurs.

Bellini frères, Osimo.
Briganti, Osimo.
Caraday, Osimo.
Diotasuti, Osimo.
Gresti et fils, Jesi.
Giorgetti, Osimo.
Giardinieri, Osimo.
Lardinnelli, Osimo.
Monarca, Jesi.
Simonetti, Osimo.

Commissionnaires en soie.

Beer et fils, Ancône.
Blumer et Jenny, Ancône.
Hotz, Ancône.
Lattes (les héritiers de), Sinigaglia.

Province de Bergame

BERGAME

Commissionnaires en soie.

Caroli.
Cavaglieri.
Donadoni (veuve et fils).
Frizzoni.
Fuzier.
Giambarini et frères.
Ginoulhiac.
Palvis et C°.
Peguri.
Pesenti.
Steiner (D.).
Steiner et fils.
Zuppinger, Siber et C°.

Commissionnaires en déchets.

Balicco.
Cajo Locatelli frères.
Carminati.
Carozzi et Bagni.
Cattaneo Giovanni.
Chiari.
Fumagalli Giovanni.
Gallina frères.
Locatelli (J.-B.).
Mangili.
Merati.
Moretti.
Perico.
Peguri.

Filateurs.

Balicco.
Botti.
Bozzoti (C.).
Briolini (A.).
Briolini frères.
Callegari Giovanni.
Caroli.
Carpani.
Chiari.
Consonni.
Conti Fermo et C°.
Crippa.
Cuminelti frères.
Degani.
Deponti (F.).
Deponti et Longoni.
Donadoni (veuve et fils).
Fenaroli.
Ferrari.
Franzi (G.).
Franzi (L.).
Frizzoni (A.).
Fuzier.
Galbiati.
Gallina frères.
Galimberti.
Giambarini.
Ginoulhiac.
Gonzenbach.
Gnecchi.
Gregori.
Longoni.
Maggi et C°.
Mangili.
Marietti frères.
Mioni.
Moretti frères.
Moroni et fils.
Passerini frères.
Pavoni frères.
Pedroni et Cavadini.
Pellicioli.
Possenti.
Romeri.
Rossi.
Steiner et fils.
Sottocasa (il conte).
Taglioni frères.
Testa (L.).
Testa (S.).
Trabattoni.
Valli (A.).
Valli (G.).
Valli (M.).
Zanchi (E.).
Zanchi (L.).
Zuppinger, Siber et C°.

Province de Bologne

Filateurs.

Bonfenati, Bologne.
Bezzochini fils, Bologne.
Bononcini, Bologne.
Masina (D[lle]), Bologne.
Massa (F.), Bologne.
Melloni, Bologne.
Pasetti, Imola.
Sanguinetti, Bologne.
Stiassi, Bologne.

Province de Brescia

BRESCIA

Commissionnaires et marchands de soie.

Benedetti.
Cadeo.
Feroldi (Enrico et frères).
Filippini.
Gaza.
Maffezzoli.
Magnocavallo.
Manelli.
Muzzarelli.
Puech (Al.).
Sandrini et Bagnoli.

Marchands de déchets.

Babler.
Vigasio.

Filateurs et mouliniers.

Franchi frères et Ce.
Fortunato (Pietro fu Felice).
Puech (Al.).

Filateurs.

Benassaglio.
Ducos.
Franchi (A.).
Giudetti.
Moro.
Serlini.

Divers

Filateurs et mouliniers.

Armandi et Ce, Bagnolo-Malla.
Beretta, Padenghe.
Bonomelli, Iseo.
Civati, Villanuova-Salo.
Corbetta frères, Chiari.
Costa, Rovato.
Cramer et Ce, Palazzolo sur Oglio.
Erba, Montechiari sur Chiese.
Frova, Calcinato.
Poli, Montechiari sur Chiese.
Raffa (Luigi fu J.-J.), Lonato.
Raineri, Palazzolo sur Oglio.
Rigamonti, Montechiari sur Chiese.
Scarpetta, Chiari.
Sormani et Vermuller, Gavardo.

Filateurs.

Cadeo frères, Travagliato.
Compagnoni frères, Adro.
Cominotti, Urago d'Oglio.
Corna frères, Pisogne (lac d'Iseo).
Faita, Fiesse.
Francesconi, Provaglio (Iseo).
Fortunato (S.), Veralonuova.
Gatti, Castrezzato.
Guerini (J.), Iseo.
Guerini (J.-B.), Guardone.
Inselvini, Ospitaletto-Bresciano.
Maffoni, Chiari.
Mej, Travagliato.
Martinoni, Riva di Salto (Iseo).
Massochi, Coccaglio.
Pregnacchi, Fiesse.
Rossi, Guardone.
Salvoni, Urago d'Oglio

Mouliniers.

Agostini. Castiglione-Stiviere.
Astori, Carpenedolo.

Calabres

Avant la maladie les Calabres récoltaient 2 millions de kilogr. de cocons, représentant environ **1.000** à 1.100 balles de soie. La maladie a réduit des deux tiers cette production. Actuellement 80 filatures seulement (soit moins de la moitié d'il y a 15 ans) filent de 350 à 400 balles de gréges et la production moyenne de la moitié de ces usines ne dépasse pas par année 200 kilogr.

Filateurs.

D'Ajello.
Allegrini.
Arouna.
Baffi.
Barbieri.
Barone.
Bastone.
Berlingieri.
Bevivino.
Boscarelli.
Calcagno.
Campagna.
Capalbo.
Cardamone.
Carosella frères.
Casella et Leporini.
Castriota.

Cavallo.
Celia.
Cerbelli.
Cerbini.
Chiapetta.
Collice frères.
Conforte.
Carappi.
Corigliano.
Cricelli.
Demicco.
Fasanelli.
Fato.
Gazio.
Fiore (de).
Florio frères.
Forginele.
Gandiniero.
Gandio.
Gargiolo.
Giannone.
La Corte.
Lagana.
Lancelotti.
Leone.
Lo Faro de Luca.
Majera.
Menieri.
Marincolla frères.
Marzano.
Malagrono.
Melissari.
Miccllé.
Mirabelli.
Minassi et Arlotta.
Nudi.
Padula.
Paglillo.
Palermo.
Palumbo.
Parlate.
Perrotta.
Pianelli.
Pisani (F.).
Pisani (M.).
Pietramale.
Piastrino.
Rendano.
Riccio.
Rizzo.
Ricciulli.
Ricucci.
Rognetta.
Quaglianona.
Quintieri (L.).
Quintieri (R.).
Quintieri (V.).
Semenga.
Santelli.
Sarlo.
Santova.
Satriano.
Silvagna.
Solimena.
Spada.
Stagliano.
Tancredi.
Teti.
Tocci.
Tosto.
Vacarro.
Valenza.
Valitutti.
Zupi frères.

Province de Catane

Commissionnaires en soie.

Grassi (S.), Catane.
Matthey et Cᵉ, Catane.

Fabricants de soieries.

Fragala frères, Catane.
Fragala (R.), Catane.
Grassi (S.), Catane.
Licciardello frères, Catane.
Ronsivalle, Catane.
Russo, Catane.
Zurria, Catane.

Province de Côme

COME

Marchands de soie.

Casnati.
Caduri.
Mauri.
Perlasca.
Scalini.
Turri.
Veronelli.
Vittani.

Fabricants de soieries.

Antonelli (A.).
Antonelli (F.).
Aliverti.
Balzarotti.
Brunati.
Baserga.
Bopponi.
Bellotti.
Bellasi.
Bernasconi.
Bernasconi, Stuecchi et Ce.
Bertolotti, Rampoldi et Ce.
Bianchi (P.).
Bianchi frères.
Bonanomi (A.) fu Pietro.
Bragtenti.
Bressi et Ce.
Broggi et Ce.
Caccini et Ce.
Capiaghi.
Camagni et Gobbi.
Camoppi et Ce.
Casartelli.
Cantalupi Guiseppe et Ce.
Carcano, Lorenzo.
Casarico.
Carganico, Pictio et Ce.
Casartelli (G.).
Casartelli (P.).
Casnati, Carlo di Bas°.
Casnati Francesco di Bas°.
Casnati Gio, fu Amos.
Castagna, Seregni et Ce.
Catelli, Larghi et Ce.
Cavadini et Ce.
Cicardi.
Coduri, Gius de Dartosio.
Coduri et Noseda.
Corti.
Curioni.
De Rossi.
Dollar et Paleari.
Fasola.
Fasola Luigi fu Chérub.
Ferrario, Carlo.
Fossati, Lanzani et Ce.
Gaffurri, et Figlio.
Gatti.
Guaisa et Ce.
Livio et Ce.
Magni.
Martinelli et Casartelli.
Martinez, Nessi et Ce.
Mazzucchelli et Cantalupi.
Nessi, Ceruti et Ce.
Orsenigo.
Parravicini Peregrini et Ce.
Parravicini.
Pazzi (Angelo).
Pazzi (Picho).
Perlasia.
Pedraglio.
Pinchetti, Borghi et Ce.
Riva (P.).
Riva (N.).
Rodobalzarini.
Sironi.
Somarni.
Scalabrini.
Sucessori R. Fasola et Ce.
Suri.
Tagliabue, Guiseppe.
Trombetta, Salvatore.
Taroni.
Tasca Fratelli et Ce.
Tarriani et Puecher.
Vignola et Ce.
Villa.
Verga.

Filateurs à Côme.

Bernasconi.
Casnati (A).
Casnati (C.)
Coduri Stampa et Ce.
Coduri, fratelli fu Tarla.
Cornaggia.
Ferrari.
Magni.
Mondelli (fils et beau fils de).
Nessi.
Pedroni Cavadini et Ce.
Perego.
Perlasca.
Wedenisoff.
Rospini frères, Cermente.
Salicci (eredi di), Lenna.
Scalnii (G.), Limedo.
Scalini et Stampa, Camnago.
Scotti, Damaso.

Staël et Cᵉ, Paré.
Stoppani, Menaggio.
Strada, Malerba et Cᵉ, Buccinigo.
Tanji, Orsenigo.
Testa, Lembengo.
Ticozzi, Fenegro.
Triulzi, Tremezzo.
Turri, Camerlata.
Valaperta, Erba.

CIRCONSCRIPTION DE COME.

Filateurs.

Andreani et Meraviglia, Menaggio.
Aureggi, Dongo.
Bazzi, Cantu.
Beretta, Bellagio.
Bernardoni, Binago.
Birnchi et Fumagalli, Lenna.
Biella Gera.
Brenna, Alserio.
Bressi et Cᵉ, Ponte Lambro.
Cabiati, Inverigo.
Carugati, Musso.
Cattaneo, Gravedona.
Ciceri, Mariano.
Couzet, Incino.
Comallini et frères, Donazo.
Conca, Cremia.
Consonno, Alserio.
Corti, Camerlata.
Corti (P.), Paravicino.
Fasoli, Osuccio.
Gavazzi et frère, Bellano.
Gesner et Boni, Camerlata.
Keller (Alb.), Lenna.
Isaaco frères, Casletto.
Legnati, Tavarnerio.
Mancini, Dongo.
Marchetti, Cremia.
Marelli fu G., Cantu.
Misto, Binago.
Ohly et Cᵉ, Ponte Lambro.
Orsenigo et frères, Camerlata.
Ostensi, Donato.
Pallcari, Crevenna.
Peroni, Gravedona.
Pianezzi, Arosio.
Primavesi, Casnate.
Prina (Al.), Guanjate.
Prina (F.), Crevenna.
Pina (P.), Incino.
Reina (G.), Vill, Albese.
Reina (N. et L.), Vill, Albese.
Ripamonti, Nibiono.
Ronchetti frères, Arcellazzo.
Vassena, Palezzo.
Vecchi (Pasq. de), Gravedona.
Villa, Mariano.
Vitali (S. et E.), Varenna.

CIRCONSCRIPTION DE VARESE.

Filateurs.

Adriano, Cunardo.
Besana, Cabiaglio.
Bianchi et Fumagalli, Arrate, Comerio et Casciago.
Bossi frères, Bodio.
Bozotti frères, Germignago.
Cauville (de), Valtravaglia.
Cesaris (de), Brenta.
Consonno (F.), Masnago et Lonate-Cippino.
Crivelli, Besozzo.
Fiaschini, Brenta.
Frigerio, Induno.
Giorgi (di), Comerio.
Leoni, Cabiaglio.
Ponzio et Cᵉ, Varese.
Pozzi, Brenta.
Talacchini frères, Varese.
Venini, Brinzio.

CIRCONSCRIPTION DE LECCO.

Filateurs.

Agudio, Malgrate.
Alberti frères, Alorte.
Amati (G.-P.), Oggionno.
Amati (V.), Oggionno.
Amati (A.), Vagionno.
Bosisio, Molteno.
Brusadelli, Oggionno.
Cantu, Castello.
Ciceri (G.-B.), Valmadrera.
Corti frères, Lecco.
Crippa (G.), Olginate.
Crippa et frères, Olginate.
Crotti, Monbiello.
Ferrario (G.), Castello.
Frigerio et frères, Molteno.
Gallavresi, Castello.
Gavazzi (P.), Valmadrera.

Gavazzi frères, Valmadrera.
Gnecchi et frères, Garlate.
Keller (Al.), Mandello.
Manzoni, Caslino.
Monti frères, Rongio.
Nava et Gattinoni, Lecco.
Palleari (G.), Germanego.
Redaelli frères, Oggiono.
Riva (F.), Molteno.
Riva et frères, Castello.
Ronchetti, frères, Sala.
Rusconi (C.), Castello.
Rusconi (G.), Castello.
Sala, Castello.
Scatti (G.-B.); Lecco.
Scatti (T.), Castello.
Spreafico (G.), Rongio.
Spreafico (G.-B.), Laorca.
Ticozzi, Castello.
Vecchi (Pasq. de), Oggionno.
Verza frères, Canzo.
Vismara, Rongio.
Wedenisoff, Castello.

Province de Crémone

CREMONE

Négociants en soies et filateurs.

Ansèlmi frères di Alessandro.
Bertarelli.
Bonalli et Ce.
Cesura et Gropali.
Fieschi.
Garozzi frères (et à San-Giovanne).
Guerri (C. fu G.-B.).
Giuletti (et à Sorezzina).
Jacini (et à Cazalbutano).
Lanfranchi.
Quaranta.
Rizzi (A.).
Rizzi (G.-B.).
Rizzini (et à Sorezzina).
Strazza (et à Cazalbutano).
Tessaroli.
Vertua (et à Sorezzina).
Viola (A.) (et à Soncino).
Viola (G.) (et à Soncino).

Province de Cuneo

Filateurs et mouliniers.

Abegg (Ch.), Savigliano.
Alberti (V.), Savigliano.
Alberti (G.-A.), Savigliano.
Chicco, Fossano.
Colombo, Ceva.
Franchino-Fruttero, Savigliano.
Franchino (U.), Savigliano.
Moschetti, Saluces.
Novelli, Savigliano.
Segré (J. fu B.), Saluces.
Sicardi, Ceva.
Sinigaglia frères, Busca.
Tarditi et Ce, Bra.

Province de Forli

Filateurs.

Aducci, Rimini.
Bonavita frères, Forli.
Gardini, Rimini.
Ricci, Mariana et Brusaporci, Meldola

Province de Gènes

GÊNES.

Commissionnaires en soie.

Amicis (de), Gênes.
Baratta frères, Gênes.
Campetto, Gênes.
Corsanego et Carbone, Gênes.
Costa et Siravegna Gênes.
Fabiani et Hébert, Gênes.
Ferrari (de), Gênes.
Pescia, Gênes.
Polleri, Gênes.

Fabricants de soie à coudre.

Masucco et Ce, Gênes.
Oberti, Gênes.
Richini, Gênes.

Fabricants de velours.

Durante, Gênes.
Moresco, Gênes.
Solei, Gênes.
Tedeschi et Ce, Gênes.
Terrari (de) frères, Gênes.
Viani frères, Gênes.

Divers

Filateurs.

Bancalari (J.-B.), Chiavari.
Bancalari (L.), Chiavari.
Solari, Chiavari.

Fabricants de velours.

Bafico, Chiavari.

Chichizolla et Ce, Chiavari.
Ferrari frères, Chiavari.
Janin et Ce, Zoagli.
Peirano, Chiavari.

Province de Messine

MESSINE

Commissionnaires en soie.

Cailler, Walker et Ce.
Costarelli et fils.
De Luca.
Fischer frères.
Grill, Andreis et Ce.
Jæger.
Lœffler et Desgrand.
Oates et neveu.
Orlandi.

Filateurs.

Hallam (Thomas).
Jæger et Ce.

Province de Milan

MILAN

Négociants en soies, cocons et déchets.

Acqua (dell') et Mazzuchelli.
Andréani, Meraviglia et Ce.
Agnelli.
Agostini.
Algier, Canetta et Ce.
Albert frères.
Artom et Ce.
Baghino.
Balestrini.
Bonacossa.
Bertolotti et Mauprives.
Besozzi.
Birigozzi.
Bodmer.
Bolis.
Bonsignori frères.
Borella frères et Ce.
Borghi.
Bosima.
Bossi.
Bozzoli (C.) et Ce.
Brema.
Brivio.
Burocco et Casanova.
Caberlotta.
Camero.
Cantoni.
Casanova frères.
Celeri.
Clans.
Colombo.
Comini.
Consonno et Ce.
Consonno (F.)
Conti (A.).
Conti (F.).
Coppa.
Coreto.
Crippa (D. et A.) fu de G.-B.
Cusini.
Corbetta frères.
Cozzi et Ce.
Dobelin.
Donatelli et Rognoni.
Donner et Bauman
Erba (G.).
Ferrari.
Ferrario (T. fu de Paolo).
Francesconi.
Franzini.
Frigerio.
Gaddum.
Galli (P.).
Gavazzi fils.
Gibert (A.).
Giulini.
Gozzi.
Heer et Ce.
Jacobis (de).
Landi.
Lanzani.
Lattes.
Lepetit et Dolfus.
Mazzini et Francesconi.
Mattuzzi.
Mazzoni et Ce.
Mazzoni (G.).
Meyer et Ce.
Migliavacca.
Molla.
Monti.
Mora.
Morardet et Pietro fu di Pietro.
Moretti.
Morff.

Nava et Ce.
Negri.
Neustader.
Noyer et Ce.
Odazio.
Oro (G. dell').
Osella frères.
Paladini et Goretti.
Parodi et Bauermeister.
Picrinelli.
Pisoni et Crippa.
Ponzio et Ce.
Pradis.
Prevosti.
Queiroli.
Raberti.
Rato frères.
Ravanni
Redaelli (C.).
Redaelli (G,).
Regaglia et Ce.
Riccardi et Ce.
Riccardi.
Ronchetti frères.
Ruggieri.
Sacchi.
Sala.
Sanvito (C.).
Sarmento Pavesi.
Singer (G.).
Sormani.
Sottocornola.
Tasistro.
Tecchi.
Tommasi et Cristiani.
Vecchi (P. de).
Velati.
Veneroni.
Verza frères fu Carlo.
Vettoreli.
Vicenti.
Vigano (D.) et frères.
Wagner.
Yuang et Ce.

Filateurs et mouliniers.

Alberti frères.
Basilico (P. fu G.).
Belloni et Ce.
Bertschinger.
Bonola.
Briani.
Bozotti (C.) et Ce.
Bosisio et fils.
Consonno (F.).
Cimbardi
Corti.
Erba.
Ferrario.
Gavazzi frères.
Keller (A.).
Luzzato.
Ohly et Ce.
Osio et Ce.
Prato frères.
Regaglia et Ce.
Ronchetti.
Secchi.
Sormani.
Tramontini.
Verza frères.
Verzegnassi.
Zappa.

Fabricants d'étoffes de soie.

Bianchi.
Binda (passementerie).
Borioli (bonneterie).
Brivio.
Bressi et Ce.
Galbiati.
Galli.
Gianzana.
Giudicci.
Legnazzi frères.
Magnaghi (rubans).
Manfredi, Zanardi et Ce.
Martini (L.) fu Giuseppe.
Masson et Ce (passementerie).
Meini.
Merini (G. fu Jiacoppo) (tulles.).
Osngao (A. fu J.).
Perea frères.
Pellegatta (tissage mécanique à Chiari).
Rossi (fabrique à Schio).
Sala et Porro (tulles).
Rossignol (G. fu G.) (velours).
Schoch, Corradi et Ce (rubans).
Ségale (velours).
Thiana frères.
Vernazzi.

Verri et Orzeniga.
Visconti et fils (rubans et cravates).
Zanaboni.

Divers

Filateurs.

Belloni, Codogno.
Borsa, Codogno.
Brizzolara, Inzago.
Canali, Monza
Ferrari (F.-D. Antonio), Codogno.
Fermenti, Opera.
Kluzer (G.), Abbiategrasso.
Lamberi, Codogno.
Mazzurchi, Lodi.
Nolli, Opera.
Perego, Fagnano-Olona.
Vecchi (de) Opera.
Vigano, Besana.
Zappa (F.), Besana.
Zappa (P.), Besana.

Province de Modène

Filateurs.

Diena (M.-G.), Modène.
Diena (fu Jacob), Modène.
Salembeni frères, Modène.
Manzini, Modène.
Vittoni, Modène.

Naples

Avant la maladie l'ancien royaume de Naples produisait de 3.200.000 à 3.400.000 kilogr. de cocons; depuis l'invasion du fléau cette production s'est abaissée des deux tiers.

Voici de 1867 à 1871 les quantités de cocons filés dans la province de Naples.

1867	340.000 kilogr.
1868	615.000
1869	440,000
1870	490,000
1871	480,000

Le nombre des filatures qui ont employées ces cocons était de 135 à 150 dont 11 seulement à vapeur.

Négociants en soie.

Briollet, di Palma et Cᵉ, Naples.
Rogers frères, Naples.

Filateurs.

Maresca, Pascal et Cᵉ, San Leuccio, près Caserte.

Moulinages.

Borelli frères, Portici.
Maresca, Pascal et Cᵉ, San Leuccio.

Fabricants de soie à coudre.

Mazolla et fils, Naples.
Rubinacci (M.), Naples.
Rubinacci (G.), Naples.

Tissages de soie.

Borelli frères, Portici.
Maresca, Pascal et Cᵉ, San Leuccio.

Environs de Naples

Filateurs.

Albano frères Angelis. (de)
Annaruma.
Annunziata.
Atianese.
Battaglia.
Boltone.
Brignoli.
Cecomo.
Centore.
Costanza.
Criscuolo (A.).
Criscuolo (P.).
Cutole.
Ferraro.
Ferrigno frères.
Fusco frères.
Grammozio.
Grausso.
Mazzola.
Mandato.
Montefasco.
Nocerino.
Notti del Prete.
Olivieri.
Raja.
Rancci.
Ruggiério.
Salerno.
Saputo.
Scognamille frères.
Siti.
Stinca.
Toraldo.
Tortora (A.).

Tortora.
Traino.
Zeza.

Province de Novare

Filateurs.

Baër, Pallanza.
Ballati, Gidda et Ce, Novare.
Bozza, Pallanza.
Brambilla, Borgomanetto.
Cave et Ce, Pallanza.
Cozzi et Ce, Intra.
Farcida, Novare.
Imperatori (fu B.) et fils, Intra et Pallanza.
Levi et Vitalevi, Verceil.
Mosca frères, Biella.
Pugliese (Ab. fu G.) et frères, Verceil.
Rossini, Novare.
Segre, Verceil.
Wédenison, Intra.

Fabricants de soieries et rubans.

Cielli et Ce, Pallanza.

Province de l'Ombrie

Filateurs.

Ascoli, Terni.
Cozza (Comte G.), Orvieto.
Paparoni, Terni.
Rossini, Terni.
Sorcini, Pérouse.

Province de Padoue

Filateurs.

Marcon Detto Besia, Padoue.
Trieste (fu J.), Padoue.
Zatta (V.), Padoue.

Province de Parme

Filateurs

Abbati, Parme.
Buzzolati frères, Borgo San Donino.
Ghia, Parme.
Montagna, Parme.
Pizzetti, Parme.

Province de Pavie

Filateurs.

Dozio, Pavie.
Ferraris, Mortara.
Milins et Ce, Pavie.
Molina frères, Mortara.

Province de Pesaro

Filateurs.

Giovanelli, Pesaro.
Guido, Urbania.
Magnani et fils, Pesaro.
Ripari, Fano.
Spinan, Pesaro.
Sponza, Pesaro.
Valazzi, Pesaro.

Province de Pise

Filateurs.

Acchiardi (d'), Pise.
Croce (della), Pise.
Fusi, Pise.
Masi, Pise.
Roncioni, Pise.
Ruschi frères, Pise.

Fabricant de rubans.

Brasotti, Pise.

Province de Plaisance

Filateurs.

Genocchi, Plaisance.
Ghizzoni, Plaisance.
Pestalozza, Plaisance.
Perinetti, Plaisance.
Piatti et Ce, Plaisance.
Rege Savino, Fiorenzuola.
Ricci, Monticcelli.

Fabricants de velours.

Baili, Pise.
Lupi, Pise.

Province de Ravenne

Filateur.

Lega (M.), Brisighella.

Province de Sassari

Filateurs.

Arrasi, Sassari.
Gandolfi, Sassari.
Secchi, Sassari.
Solimasi, Sassari.

Province de Sondrio

Filateurs.

Caimi, Sondrio.
Cogliati, Sondrio.

Province de Toscane

FLORENCE

Marchands de soie.

Bolaffi.
Cantini et Bergognini.
Forsi et Guadagni.
Givozzi.
Küntzel et Ce.
Poidebard (N.-J.).
Santi-Borgheri (A. de).
Scotti-Méjan.
Toggio.
Tozzi.

Fabricants de soieries.

Bartolomeoni.
Borgagni.
Fiorentino.
Lombardi (successeurs de).
Matteoni (successeurs de).
Sugheri et Ce.

Sienne

Filateurs.

Petrucci.
Nerli (les héritiers du marquis de).
Fieri (le comte).
Gori (le comte sénateur de).

Fabricants de soieries.

Francheschini (J.).
Lunghetti et fils.
Mazotti.
Nencini.

Prato

Filateurs.

Cecconi.
Carona (del).
Turchini.

Pistoie

Filateurs.

Arcangioli.
Bozzoli.
Civinini.
Grassi.
Mandori.
Montemagni.
Partacaldi.
Tesi.
Vannucci.

Pescia

Filateurs et mouliniers.

Cantini-Bergogni.
Scotti-Méjean.

Filateurs.

Bartholini.
Cechi (B.).
Cechi frères.
Forti.
Gentilini.
Giusti.
Magnani.
Papini.

Lucques

Filateurs.

Barzotti.
Fontana.
Franceschini.
Frugoli.
Gemminiani.
Giovanetti.
Gori et Ce.
Lenci.
Michelletti frères.
Niéri.
Pardi.
Pardini.
Pierotti.
Preti.
Sari-Barsi.
Vellutini.

Commissionnaire en soie.

Gori (L. et Ce).

Fabricant de soierie.

Bevilacqua.

Modigliana

Filateurs.

Candini.
Ciani.
Mazotti.
Ravaglioli.
Ronconi.
Samori et Bandini.

Marradi

Filateurs.

Baldesi (F.).
Baldesi (J.).

Piani.
Bavagli.
Torriani.

Montevarchi

Filateurs.

Battagli.
Bandinelli.
Bianchi.
Cini (G.).
Grevi.
Maestrelli.
Roncinell.
Sgheri.

Divers

Filateurs.

Ankuri, Borgo Buggiano.
Batti, Borgo san Lorenzo.
Bernardi frères, Borgo Buggiano.
Bonarcorsi, Tredogio.
Calabri, Fortico.
Cappani, Reggello.
Carrava-Cardossi, Barga.
Casini, Pelazo.
Ciapetti, Castel Fiorantino.
Cojari, Fivizzano.
Conti, Borgo Buggiano.
Crestini, Sinalunga.
Faibrini, Viechio.
Faina, Villa Basilica.
Fantini, Tredogio.
Formigli, Viechio.
Francioni, Strada.
Fossi et Bruscoli, Sesto.
Fraissineto (il comté), Arezzo.
Frateschi, Cascina.
Ghezzi, Sinalunga.
Giannini, Castel Fiorentino.
Ginnesi, Fivizanno.
Ciovani, Strada.
Giovanoli, Castel Nuovo.
Griffoli (sénateur), Luciguano.
Guiducci, Avezzo.
Lombezzi, San Loporello.
Magni, Villa Basilica.
Marsili, Foppi.
Masi, Capanoli.
Massi, Monterchi.
Monti, Borgo San Lorenzo.
Mordini, Barga.
Nicolai, Castel Focognano.
Pagni, Borgo Buggiano.
Picolomini, Sinalunga.
Pucci, Barga.
Pucci (G.), San Casciano.
Ramani, Borgo Buggiano.
Rassi, Pontassière.
Rippa (della) Rovezzano.
Romanelli, Castel Focognano.
Sandrucci, San Casciano.
Sanleonini, Bruccine.
Tani, Reggello.
Teoli, Castel Focognano,
Tosi, Villa Basilica,
Vittoni, Castel Nuovo.

Province de Turin

Commissionnaires en soie.

Ardouin et Ce.
Barberis père et fils.
Berne et Ce.
Bianco et Ce.
Bolens.
Bravo (J.).
Bravo (M.) et fils.
Ceresole et Monti.
Ceriana frères.
Chiarini.
Dumontel et Craponne.
Dupré père et fils.
Ferrero et Pagliero.
Fernex (Ch. de).
Fernex et Ce.
Fontana et Ce.
Fontana (A.).
Fubini.
Gaydou et Ce.
Geisser et Ce.
Keller (Al.).
La Nicca et Ce.
Levi frères.
Marone.
Montalti et Ce.
Mylins.
Nervo.
Nigra frères.
Ottolinghi.
Piaggio frères.
Pittalinga.
Pogliani et Ce.

Rolle (P.).
Rolle, Musso et Ce.
Sinigaglia (héritiers de) et Lattès.
Soldati (R.).
Soldati et fils.
Tachis et Levy fils.
Téja et Ce.

Filateurs.

Bravo, Pignerol.
Bellino frères, Rivoli.
Cassinis, Pignerol.
Ceriana frères, Ivrée.
Drouin, Pignerol.
Emmarezé (d'), Ivrée.
Fernelli, Ivrée.
Forneris, Ivrée.
Jona (eredes di), Ivrée.
Odisio, Ivrée.
Vagnone frères, Pignerol.
Vagnone (S.), Pignerol.

Fabricants de soieries.

Aubert.
Bellacomba.
Cattaneo et Petitti.
Carena.
Comba.
Costa, Siravegna et Ce.
Gamna et Gravier.
Garnieri (J.).
Garnieri (fu Giulio).
Morris et Ce (velours).
Praille et Ce
Rodi.
Soley.
Stuardi frères.
Tasca et Ce (velours).
Turo (veuve).
Truccone frères.

Fabricants de rubans.

Bonand frères.
Casiraghi.
Ghersi (veuve) et Ce.
Grassi, Morelli et Pepino.
Guastalla.
Tasca et Ce.

Province d'Udine

Commissionnaires en soie et filateurs

Bearzi.
Bianchi.
Bonanni.
Brunich.
Carli (de), Pordenone.
Cossetti, Pordenone.
Galvani, Pordenone.
Kechler.
Kircher-Antivari.
Luccardi.
Locatelli.
Luzzato.
Marcolti.
Mattiuzzi.
Mora (della)
Ongaro.
Puppalti (G.-B.).
Puppalti (G.).
Rubini.
Schiavi.
Zamparo.

Province de Venise

Négociants en soie.

Aguino frères.
Battagia.

Fabricants de velours.

Sartori frères.

Province de Vérone

Négociants en soie et filateurs.

Angeli frères.
Delaini.
Delay frères.
Previtaly.
Silvestri frères.
Spezia et Scanzi.
Turri (soies à coudre).

Province de Vicence

Filateurs et négociants en soie.

Bianchini, Vicence.
Brunello, Vicence.
Cantoni et frères, Vicence.
Creazzo (V.), Vicence.
Costalonga, Vicence.
Dal Postolo, Shio.
Fontanive et Lunghi, Vicence.
Laschi, Vicence.
Massari, Vicence.
Mazuzzi, Vicence.
Meneghini, Vicence.

Mischio, Vicence.
Molinelli, Bassano.
Montineredi, Bassano.
Piccoli Granotto, Bassano.
Sorichelctto (les héritiers de), Bassano.
Vaccari (fu A.) et frères, Vicence.
Zanella, Bassano.

Suisse

Importations des soies en Suisse.		*Exportations des soieries suisse.*	
1867	1.048.650 kilogr.	1867	1.637.500 kilogr.
1868	1.371.450	1868	1.608.257
1869	1 368.700	1869	1.667.400
1870	1.760.650	1870	2.175.650
1871	2.016.700	1871	2.740 700

Postes.

Lettres ordinaires par 10 grammes................ 30 centimes.
» chargées, droit fixe....................... 40 »
Echantillons par 40 grammes.................. 05 »
Imprimés par 40 grammes...................... 05 »

Télégraphes.

Dépêche simple.............................. 3 francs.

Poids et monnaies.

Les poids et monnaies d'après le système décimal français.

Canton d'Argovie

Mouliniers et retordeurs.

Brennwald fils, Oftringen.
Grossmann et Ce, Aarau.
Schmuziger (L.), Aarau.

Fabricants de rubans et étoffes.

Feer et Ce, Aarau.
Frey frères, Aarau.
Herzog et Ce, Aarau.
Schappy, Aarau.
Schmuziger (L.-F.), Aarau.

Canton de Bâle.

Négociants en soie.

Asch, Bâle.
Amans (H. et C.), Bâle.
Arlès-Dufour et Ce, Bâle.
Bard, Woringer et Ce, Bâle.
Dœlli, Bâle.
Fleiner père et fils, Bâle.
Hosch et Laroche, Bâle.
Kœchlin-Burchardt, Bâle.
Linder et Courvoisier, Bâle.
Peter, Bâle.
Preiswerck et fils, Bâle.
Weber, Bâle.

Déchets de soie.

Burckhardt et Dreyfus, Bâle.
Meyer (L.), Bâle.

Soies à coudre.

Engisch et Ce, Bâle, maison à Lyon rue des Capucins, 13, fabrique de soies à coudre, teintes et écrues, soies fantaisies pour passementeries et dentelles.

Fabricants de rubans.

Bachofen et fils, Bâle.
Bary (de) et fils, Bâle.
Bernouilli, Bâle.

Burkardt et Wild, Bâle.
Fichter et fils, Bâle.
Foreart-Weiss, Bâle.
Frey-Thurneisen et Christ, Bâle.
Freyvagel, Gelterdkingden.
Kern et fils, Bâle.
Linder, Bâle.
Hoffmann, Bâle.
Horrandt et fils, Bâle.
Iselin et fils, Bâle.
Meyer et Ce, Bâle.
Preiswerck et Ce, Bâle.
Preiswerck (L.), Bâle.
Richter-Linder, Bâle.
Sarazin et Ce, Bâle.
Sarazin (J.-F.), Bâle.
Stæhlin, Bâle.
Sulger et Ce, Bâle.
Trudinger et Ce, Bâle.
Von der Mulh-Berger et Ce, Bâle.

Fabricant d'étoffes de soie.

Von der Mulh frères, Bâle.

Mouliniers et négociants en déchets.

Veillon, Chancel et Alliot, Grellingen.

Filateurs.

Fichter et fils, Sissach.
Schwartz et Hermann, Liestal.

Canton de Berne

Mouliniers

Hirtz et fils, Meyringen.
Hurlemann, Meyringen.

Fabricants de soieries.

Schœtschet, Delémont.
Simon, Berne.
Wirz et Schaffter, Burgdorf.

Canton de Glaris

Trumpi frères, Glaris.
Trumpi (F.), Glaris.
Trumpi, Heer et Ce, Glaris.
Trumpi jeune et Ce, Glaris.

Canton de Lucerne

Mécaniciens pour la manufacture des soies.

Bell frères, Lucerne.

Filateurs.

Moos (von), Lucerne.
Rothen, Lucerne.

Fabricant de rubans.

Martin-Nigg, Lucerne.

Canton de Neuchâtel

Commissionnaire en soieries.

Ronco, au Locle.

Canton de St-Gall

Filateurs.

Merian et Ce, Thal.

Canton de Schwitz

Fabricants d'étoffes de soie.

Camezind (G.-L.), Gersau.
Camezind frères et Ce, Gersau.
Camezind et fils, Gersau.

Canton du Tessin

Cardage de soie et négociants en soie

Flogiardi, Magadino.
Toricelli et Lurati, Lugano.

Filateurs.

Bonzenigo frères, Bellinzona.
Paganini et Molo, Bellinzona.

Canton de Thurgovie

Mouliniers.

Egli et fils, Hauptwelt.
Guggenbulh, Frauenfeld.

Canton d'Uri

Moulinier.

Beblé-Buhler, Altorf.

Canton de Zurich

Négociants en soie, mouliniers (trames) et fabricants de soie à coudre.

Appenzeller (G.), Zurich.
Bavier et Ce, Zurich
Beder, Kern et Ce, Hirslanden.
Bodmer (H.), Zurich.
Bodmer frères, Zurich.
Boschard frères, Bauma.
Burkli frères, Zurich.
Dursteler (J.), Wetzikon.
Egli et Ce, Bauma.
Guggenbulh (J.-G.), Neugut-Wallisellen.

Grebel et Lavater, Zurich.
Hauser et Biedermann, Alstetten.
Heitz-Weber, Stafa.
Henri de Daniel, Zurich.
Meiss Reinhart, Zurich.
Meyer (M.), Zurich.
Muralt et Ernst, Zurich.
Naf frères, Pfaffikon.
Ochswald, Zurich.
Pestalozzia-Herzel, Zurich.
Rinacker-Steiner, Zurich.
Ruegg et Ce, Oetweil sur Limmat.
Schappi (H.), Erlenback.
Sieber-Waser, Zurich.
Stalter et Ce, Zurich.
Steiner et Ce, Zurich.
Usteri-Muralt et Ce, Zurich.
Weber et Wild, Zurich.

Filateurs de schappe.

Bindschedler (A.), Uster.
Brennwald (J.), Hombrechtikon.
Escher (J.-G.), Zurich.
Hanzer et Ce, Embrach.
Hotz frères, Meilen.
Zuppinger (H. de G.) et Ce, Hombrechtikon.

Fabricants de soieries.

Arbenz et Senn, Riesbach, près Zurich.
Baumann aîné et Ce, Zurich.
Baumann et Streuli, Horgen.
Bischoff et Reinhardt, Zurich.
Bodmer et Hurlimann, Zurich.
Brunner (L.), Zurich.
Burkhardt (J.), Horgen.
Burkhardt-Weiss, Horgen.
Corrodi et Thommann, Zurich.
Egli et Sennhauser, Hirslanden, près Zurich.
Fabrique de soieries mécanique, à Adlisweil, près Zurich.
Finsler (J. et R.), Zurich.
Forrer-Biedermann, Winterthur.
Gessner (A.), Wadensweil.
Hirzel et Schulthess, Zurich.
Hitz et fils, Ruschlikon, près Zurich.
Hohn et Staubli, Horgen.
Homberger frères, Wetzikon.
Honneger (H.), Wollishofen, près Zurich.
Hotz frères et Ce, Thalweil.
Hurlimann, Trumpler et Ce, Wadensweil.
Kagi, Fierz et Ce, Kusnach, près Zurich.
Meyer frères, Zurich.
Naf (J.-R.) et fils, Zurich.
Nageli et Ce, Horgen.
Nœgely, Wild et Blumer, Zurich.
Notz et Diggelmann, Zurich.
Pestalozzi (H.), Zurich.
Reiff-Huber, Enge, près Zurich.
Ritter et Pestalozzi, Hirslanden, près Zurich.
Roth (G.), Neumunster, p. Zurich.
Rutschi (S.) et Ce, Zurich.
Ryffel et Ce, Stafa.
Scharer (C.), Hausen.
Schmid frères, Thalweil.
Schwarzenbach (J.-J.), Kilchberg.
Schwarzenback-Landis, Thalweil.
Schwarzenbach-Suter, Thalweil.
Stahli-Hausheer et fils, Zurich.
Stapfer et Ce, Stafa.
Stapfer-Huni et Ce, Horgen.
Stocker (F.) et Ce, Zurich.
Stocker (J.-C.), Zurich.
Stunzi et fils, Horgen.
Suremann et Ce, Meilen, près Zurich.
Syfrig (J.-J.), Mettmenstetten.
Werdmuller-Stocker, Wetzikon.
Widmer-Huni, Horgen.
Wirz et Ce, Riesbach p. Zurich.
Zinggeler frères, Wadensweil.
Zeuner et Huni, Zurich.
Zurrer (J.), Hausen.

Commissionnaires en soieries.

Abegg, Zurich.
Andreœ (O.), Zurich.
Baumann-Zurrer, Zurich.
Dietze (G.), Zurich.
Escher et Ce, Zurich.
Fazy (J.-F.), Zurich.
Félix et Ce, Zurich.
Honegger et Lavater, Zurich.
Huni-Landolt, Zurich.

Kutter-Luckemeyer et Ce, Zurich.
Meyer (J.), Zurich.
Person, Harriman et Ce, Zurich.
Ruhel et Abegg, Zurich.
Ruegg-Blass, Zurich.
Sænder et Siecke, Zurich.
Seemann (G.), Zurich.
Warburg (R.) et Ce, Zurich.

TARIFS DOUANIERS [1]

OBSERVATIONS GÉNÉRALES.

Les droits que perçoivent à l'entrée les douanes françaises sont de deux natures :

1° Droits d'après le tarif général ;

2° Droits d'après le tarif conventionnel.

Le tarif général est appliqué à tous les pays qui n'ont pas conclu avec la France de traités de commerce ; par conséquent le tarif conventionnel est celui dont bénéficient les puissances qu'un traité lie avec nous.

Les lettres B. ou N. placées dans la colonne intitulée : *unités*, servent à indiquer si la perception des droits est faite sur le poids brut ou sur le poids net.

Nota. — Voici le relevé des taxes légales admises par l'Administration des douanes sur les marchandises tarifiées au poids net :

Soies et bourre de soie filée ou cardée :

Revêtues de 2 enveloppes (balle)	5 %
— avec doubles cordes ou cercles en fer (balle)	6 »
Renfermant la marchandise à nu (balle)	2 »
Caisses	12 »
Tissus en caisses	12 »

(1) Ce chapitre est presque littéralement extrait du remarquable travail publié par M. Marius Morand, bibliothécaire de la Chambre de commerce de Lyon, sous ce titre : *Les tarifs douaniers des soies et soieries.*

Rubans de velours :
N°s 1 à 20 inclus.............................. 30 %
N°s 21 à 120................................ 20 »
Au-dessus du n° 120........................... 10 »

TABLEAU DES TRAITÉS CONVENTIONNELS DE COMMERCE

PAYS CONTRACTANTS	Date de la mise à exécution.	Durée des traités.	Date à laquelle les traités prennent fin.
Association Allemande.	1er juillet 1865	12 années	8 mai 1877
Autriche.............	1er janvier 1867	10 années	31 décem. 1877
Belgique.............	1er juin 1861	10 années	26 mai 1871
Etats-Romains........	1er novem. 1867	10 années	31 octob. 1877
Italie.................	1er février 1864	12 années	31 janvier 1876
Pays-Bas.............	1er sept. 1865	12 années	31 août 1877
Portugal.............	1er sept. 1867	12 années	14 juillet 1879
Suède et Norwége.....	15 avril 1865	12 années	21 mars 1877
Suisse................	1er juillet 1865	12 années	23 novem. 1876
Turquie..............	31 mars 1862	28 années	30 mars 1890
Villes anséatiques..... (Brême et Hambourg)	1er juillet 1865	12 années	31 août 1877

FRANCE.

Tarif général.

Soies :
En cocons..........................100 K.B. exemptes
Ecrues, gréges et moulinées (y compris les douppions)....................100 K.N. »
Teintes de toutes sortes...............100 K.B. »

Bourres :
En masse, écrue ou teinte..............100 K.B. 10 (1)
Peignée de toutes sortes...............100 K.B. 10 D.C.
Filée de toutes sortes,
80,500 mètres et au-dessous.......100 K.N. 75 D.C.
Au-dessus de 80,500 mètres........100 K.B. 120 D.C.

Graines de vers à soie...............100 K.B. exemptes

(1) Décimes compris.

TISSUS

Foulards :

Originaires de l'Inde (import. de tous pays)	1 K.N.	exemptes
Ecrus	1 K.N.	7
Imprimés	1 K.N.	14

Crêpes :

Unis, des pays d'Europe	1 K.N.	20 D.C.
» des pays d'origine ou d'Europe	1 K.N.	20 D.C.
» d'ailleurs	1 K.N.	25 D.C.
Brodés ou façonnés :		
Des pays hors d'Europe	1 K.N.	34 D.C.
Des pays d'origine ou d'Europe	1 K.N.	34 D.C.
D'ailleurs	1 K.N.	40 D.C.

Tissus de soie autres que les foulards et les crêpes originaires d'Europe :

Etoffes pures unies	1 K.N.	16 »
» façonnées	1 K.N.	19 »
» brochées d'or ou d'arg., fin.	1 K.N.	31 »
» » faux	1 K.N.	prohibées
Etoffes mêlées de fil seul	1 K.N.	13 »
» de fil d'or ou d'argent fin	1 K.N.	17 »
» » faux	1 K.N.	prohibées

Couvertures	100 K.N.	204 »
Tapis même mêlés de fil	100 K.N.	306 »
Gaze de soie pure	1 K.N.	31 »
» de soie mêlée de fil	1 K.N.	17 »
» de soie mêlée d'or ou d'argent fin	1 K.N.	62 »
» » faux	1 K.N.	prohibées
Tulles		prohibées
Dentelle de soie dites blondes	valeur	15 %
» d'or fin	1 K.N.	200 »
» d'argent fin	1 K.N.	100 »
» d'or ou d'argent faux	1 K.N.	25 »
Bonneterie	100 K.N.	1200 »

Passementerie :			
D'or ou d'argent fin....................	1	K.N.	30 »
» faux..................	1	K.N.	3 »
De soie pure............................	1	K.N.	16 »
De soie mêlée d'or ou d'argent fin.......	1	K.N.	25 »
» » faux.....	1	K.N.	8 »
» d'autres matières.........	1	K.N.	8 »
Rubans, même de velours.............	100	K.N.	800 »
Tissus de bourre de soie :			
Tissus, façon cachemire...............	100	K.N.	prohibées
Etoffes pures........................	1	K.N.	7 »
Etoffes mêlées d'or ou d'argent fin......	1	K.N.	10 »
» » faux....			prohibées
Couvertures..........................	100	K.N.	204 »
Tapis, même mêlés de fil..............	100	K.N.	306 »
Bonneterie..........................	1	K.N.	6 »
Passementerie et rubans...............	100	K.N.	800 »

Tarif conventionnel.

Les soies de toutes espèces sont........			exemptes
Bourre de soie :			
En masse.............................			exemptes
Peignée ou cardée.....................	100	K.N.	10 »
Filée, 80,500 mètres et au-dessous......	100	K.N.	75 »
» au-dessus de 80,500 mètres.......	100	K.N.	120 »
Graines de vers à soie..................			exemptes

TISSUS

Tous les tissus, passementerie, bonneterie,

dentelles (soie pure) unis façonnés ou brochés	100 K.N.	exempts
Crêpes (façon d'Angleterre) écrus, noirs de couleurs	100 K.	exempts
Tulles unis ou façonnés	100 K.	exempts
Tissus de bourre de soie, de toutes sortes et sans autre mélange que la soie pure	100 K.	200 »
Tissus, passementerie, dentelles, de soie ou de bourre de soie, avec or ou argent fin	100 K.	1200 »
— faux	100 K.	350 »
Rubans :		
Soie et bourre de soie de velours	100 K.N.	500 »
» autres	100 K.N.	400 »
Tissus de soie mélangés d'autres matières textiles, la soie ou la bourre de soie dominant en poids :		
Rubans velours	100 K.N.	500 »
» autres	valeur	10 %
» autres	100 K.N.	300 »

Exportation et Transit.

L'exportation et le transit de la soie, bourre de soie, graines de vers à soie, et tissus de toutes sortes sont affranchis de tous droits.

Admissions temporaires.

Les tissus de soie et de bourre de soie indiqués dans le tableau ci-après, peuvent bénéficier de l'admission temporaire sans être soumis à aucun droit, mais à charge de réexportation lorsqu'ils ont reçu le complément de main-d'œuvre.

Il n'est accordé pour ces tissus aucun déchet ; ils doivent être importés et exportés par les entrepôts de Lyon ou de Paris, et par les bureaux de Marseille, Bordeaux, Nantes, le

Havre, Rouen, Dunkerque, Calais, Boulogne, Saint-Louis, Lille.

Dénomination des Tissus.	Etat dans lequel les tissus doivent être représentés.	Délais fixés (1) pour la représentation
Châles en crêpe de Chine unis... Crêpes en pièces de fabrication chinoise......................	Châles brodés. Crêpes de Chine teints ou imprimés.	6 mois.
Foulards et tissus de bourre de soie en pièces écrus...........	Foulards et tissus de bourre de soie imprimés.	3 mois.

NOTES EXPLICATIVES.

Soie écrue. — La soie *décrusée* est, dans le silence de la loi, assimilée aux soies écrues quand elle n'a reçu aucune teinture; dans le cas contraire, elle est soumise aux droits des soies teintes.

Bourre de soie.— C'est le déchet provenant, soit des cocons, dont la phalène n'a pas été étouffée, soit du moulinage des soies gréges. On traite comme *bourre de soie en masse*, suivant leur état, les capitons, qui sont des déchets de la filature des cocons, noués ensemble et réunis en écheveaux.

Les cocons décrusés suivent également le régime de la bourre de soie écrue en masse.

Foulards écrus et imprimés.— Sont considérés comme *écrus* les foulards fabriqués avec de la soie naturellement blanche; mais on assimile aux foulards *imprimés* les foulards fabriqués avec de la soie blanchie, ainsi que ceux qui, fabriqués en écru, ont été blanchis après le tissage. Les foulards teints et les foulards façonnés, dits *damassés*, qu'ils soient en écru ou en couleur, suivent le régime de foulards imprimés.

Etoffes. — La dénomination d'*étoffes* ne s'applique, en général, qu'aux tissus pleins et maniables, comme les *velours, taffetas, croisés, levantines, reps, satins, damas, gros de Tours, gros de Naples. Les châles et mouchoirs* suivent le régime des

(1) Au-delà de ces délais il est imposé au soumissionnaire une amende égale ou quadruple des droits applicables à l'importation des mêmes produits.

étoffes ; mais les tapis et couvertures, non plus que les tissus à jour (gaze, crêpes, tulle, dentelles, etc.), ne sont pas rangés dans la catégorie des étoffes.

Etoffes unies. — Tout tissu uniquement fabriqué au moyen de lisses est tissu uni ; ainsi le *croisé*, le *satin*, le *cannelé*, les *armures* rentrent dans la catégorie des étoffes unies.

Etoffes façonnées. — On appelle façonnées les étoffes présentant un fond uni dans lequel un sujet est produit par l'effet de la chaîne et de la trame ou de la combinaison simultanée de l'une ou de l'autre, en sorte que la trame et la chaîne font toujours corps d'étoffe sans flotter à l'envers. Des fils, de couleurs différentes, simplement croisés dans les deux sens de l'étoffe, ne constituent pas le façonnage. Pour qu'une étoffe soit taxée comme façonnée, il ne suffit donc pas qu'elle soit à filets, raies ou carreaux, il faut qu'elle présente des dessins ou des contours, sinon elle est classée parmi les étoffes unies.

Les tissus de soie, les rubans (velours, peluches, etc.), mélangés de laine et de coton, sont, dans le tarif général (mais non dans le tarif conventionnel), passibles de la prohibition à l'entrée.

Bonneterie. — Cette dénomination comprend les bourses et tous les objets propres à servir de vêtements, tricotés à la main ou au métier ; mais non les tricots en pièces : ceux-ci suivent le régime des tissus proprement dits.

Passementerie. — La passementerie comprend les aiguillettes, cordons, cordonnets, franges, galons, ganses, jarretières, lacets, tresses, sangles, torsades, etc.

Passementerie mêlée d'autres matières. — Le coton n'est pas compris parmi les matières dont il est ici question. Ainsi la passementerie de soie mêlée de coton reste assujettie à l'entrée, à la prohibition qui affecte (dans le tarif général seulement) les tissus où il entre du coton.

Bourre de soie filée. — Les traités ne distinguent pas entre les fils de bourre de soie et les fils de bourrettes. On applique à ces derniers le régime plus favorable établi par le tarif général.

Tissus... de soie pure. — Cette catégorie comprend tous les tissus de soie pure qui ne se trouvent pas nommément désignés dans les autres subdivisions du tarif des soieries.

Tulles. — Les traités ne dénomment que les tulles de soie pure. Les tulles de bourre de soie pure rentrent dans la série des tissus de bourre de soie. Quant aux tulles de soie mélangés de coton ou de bourre de soie, ils suivent le régime des tulles de soie pure, des tulles de coton ou des tulles de bourre de soie, selon que la soie, le coton ou la bourre de soie domine en poids dans le mélange. *(Avis du comité consultatif du* 6 *mai* 1863 *et décision ministérielle du* 3 *août* 1867).

Tissus de bourre de soie pure ou de soie et de bourre de soie — On comprend dans cette classe, indépendamment des étoffes, les tissus façon cachemire, les couvertures, les tapis, la passementerie, la bonneterie et les tulles; on y range même les tissus de bourrette.

Les tissus formés d'un mélange de bourre de soie et de soie pure sont traités comme les tissus en bourre de soie, alors même que la soie pure domine en poids. Toutefois, par exception, les tulles de soie et bourre de soie suivent le régime des tulles de soie pure, lorsque la soie domine en poids dans le mélange.

Les foulards fabriqués dans l'Inde, imprimés dans le Royaume-Uni, sont admis à jouir du tarif conventionnel. *(Lettre de l'administration des douanes, du* 27 *mars* 1869).

Rubans. — Bien que les tarifs annexés aux conventions taxent uniformément à 10 % de la valeur tous les rubans de soie ou de bourre de soie mélangée, la soie ou la bourre de soie dominant; on a entendu que les rubans de soie et coton façon velours suivraient le régime des rubans de velours de de soie pure ou celui des rubans de coton, selon que l'une ou l'autre matière dominerait en poids dans le mélange. Le tableau des droits a été libellé en conséquence.

On considère comme rubans de soie ou de bourre de soie pure les rubans dont la lisière seule est en coton ou qui présentent en chaîne quelques fils de lin recouverts de soie et destinés à donner aux tissus de la consistance et du relief.

On range, non parmi les rubans, mais parmi les tissus, les simples bandes taillées dans des pièces de soie pour faire des cravates ou autres objets analogues, et dans la passementerie, les galons dont on entoure les chapeaux de soie ou de feutre pour hommes. On assujettit, au contraire, au droit des rubans les bandes de velours tissées en pièces et destinées à servir comme rubans, après avoir été détachées les unes des autres au moyen d'un simple coupage aux ciseaux.

Ateliers de Construction

THÉODORE ET FRÉDÉRIC BELL

à Kriens près Lucerne

(Suisse)

Cet établissement s'occupe spécialement de la construction de toutes les machines nécessaires pour

Carderies de Déchets de Soies

tels que frisons, cocons percés, bassinets, etc., avec des systèmes tout perfectionnés et de grands avantages sur les carderies à la main. La maison possède aussi, sur place, une vaste carderie de déchets de soies avec filature, et se trouve donc dans le cas exceptionnel de pouvoir fournir des machines avec les perfectionnements conseillés par la continuelle expérience.

La maison pourra fournir les plus amples informations par les carderies où elle a fourni de ses machines, et en s'entendant avec MM. BELL on pourra voir à Kriens les machines de leur carderie en activité, et on se trouvera ainsi à même de constater le travail sur des échantillons présentés.

TRANSPORTS MARITIMES

POUR

L'ALGÉRIE, L'ESPAGNE, L'ÉGYPTE, L'ITALIE, LE LEVANT, L'INDE

CHINE
ET JAPON

AMÉRIQUE
AUSTRALIE

H. LETERTRE

Rue de la République, 76, Marseille

AFFRÊTEMENTS & CONSIGNATIONS

DE NAVIRES A VOILES ET BATEAUX A VAPEUR

SERVICES COMBINÉS DE TRANSPORTS

Par voies ferrées, fluviales et maritimes

ASSURANCES MARITIMES

OPÉRATIONS EN DOUANE

Correspondants dans les principales villes de France et de l'étranger

---

S'adresser et expédier les marchandises à H. LETERTRE, en gare, à Marseille.

TABLE DES MATIÈRES

Moniteur des Soies. — Aimé Vingtrinier, imprimeur.

www.ingramcontent.com/pod-product-compliance
Lightning Source LLC
LaVergne TN
LVHW050415160826
845677LV00002BA/383

9782329777764